박춘묵 시집

詩 프리즘

GAP

작가의 말

세상에 던져진
한점 씨로
산다는 게
신기神奇 했어

삶의 길엔
마음 가는 곳에
점찍고
꽃피고 단풍지고
계절마다 찾아보고
땀 흘려 일하는 삶은
모두가

풍경이었고
음악이었고
꽃밭이었어

보고 듣는
걸음마다

체험과 경험들은
지혜로 담겨오고

줄타기
묘기妙技 처럼
살아온 길

아슬아슬했어도
가슴에 남는 건
꽃추억 되고

한평생 삶이
신비神秘 했으나

나비 날아간
흔적 같은
봄날 꾸어본
호접몽蝴蝶夢 이었네

千羊의 法則

님은 꽃 앞에 내리는 햇살
2550제

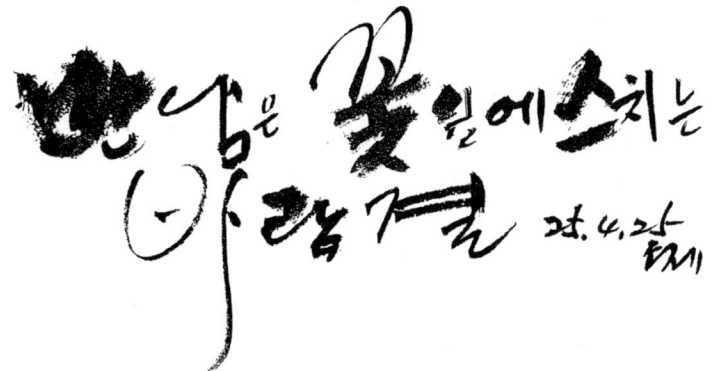

빼앗은 꽃잎에 스치는
아람겹

25.4.2% 당체

예술은 삶의 꽃이다

25 채

가슴으로 살아 있음의
소중함 ─ 깨닳아지

25. 4. 30
세제

천국은 곳이아니라 마음상
태이며 지옥또한 마음상
태이다   2501제

숙명은 타고 나지만
운명은 自己가 만들어간다
                          2502제

한 세상 사르를 딸 흘려
일 하고 一念속에 살며
감사 하고 살면   2503제

가슴에 淸風 품고
머리는 淸明 ... 차다
25. 4. 30
승제

아! 봄이 온다
보라 그 행복은 돈으로 사지
않아도 세상에 가득하다
25 승제

어젯밤 봄비 내리고
이 아침 봄빛이 날날하다
25. 4. 30
승제

9

사방에 봄꽃 피어나고 하늘
푸르르니 살아있음이 황홀하다
그녀째

밤중에 꽃 피어나고 가지마다
새싹 돋아 오르면 세상은
향기로 가득할것이네
그녀째

몸과 마음의 키가 가지런
해야 평안하다
그녀째

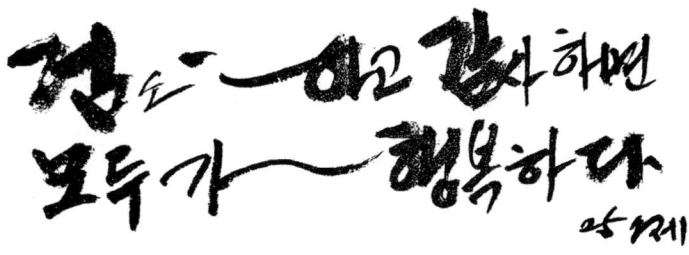

겸손 하고 감사 하면
모두가 행복하다
45세

멋지게 꿈에 가는 길은
맑은 보람 밝은 행.얼.
멋 게 사생 하는것
25세

淸노 하늘에 흐름 하면
무위 自然 으로 피고 진다
25세

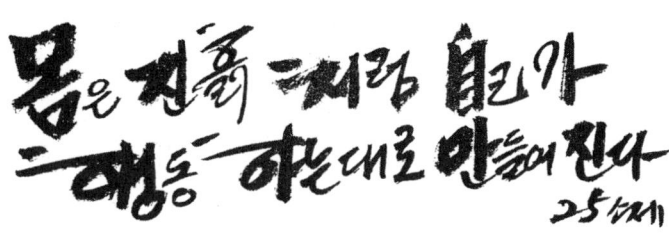

몸은 진흙 그처럼 自己가
행동 하는대로 만들어 진다
25연재

홀로 와서
혼자 살아 가는 삶
독하기 마련이다.
25. 든제

홀로 앉어도 외롭고 함께
앉어도 외롭다 그것이
삶이다 24연재

松 竹 梅 같은 그런 벗

있었으면 혼자서도 괜찮은

인생을 살아보리 그날에

홀로서도 볼 일 그 많았

는 일 준비 그 해야해 그날에

그 꿈은 가격에

있지 않고 가치에있다 그날에

풍찬노숙= ─ 헤치여 한
세상 걸어온 길 주름과
옹이가 ─ 훈장되어 남고
25.4.30
수제

이름도 늙어 시력이 저무니
오도 내몸이듯
하나로 저물어 간다 24(수제)

自然 = 은 포악 = 하지도
자비 = 하지도 않고
선악도 없 다
24수제

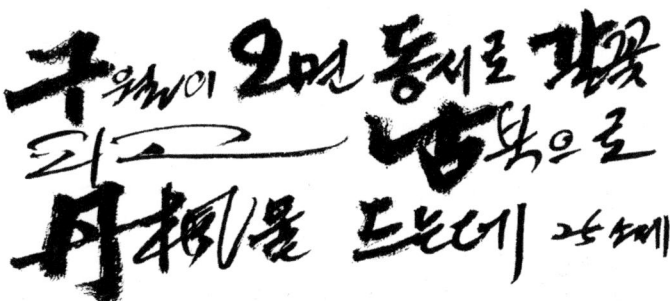

구월이 오면 동네로 가꽃
의 남쪽으로
丹楓을 드는데 김소월

山산마다 이타오르는 가을의
불꽃들 스르이게 마천에서
喬 소령 가는 검어길 김소월

야마! 丹楓을 보소
어느새 불것으네 김소월

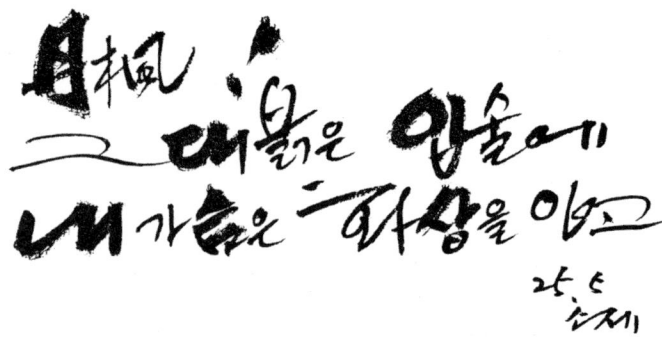

月楓
더 붉은 암술에
내 가슴은 환상을 안고

九절초 눈맞추고 돌아 서서
국화 재이 마주지니 꿈에물든
月楓 잎 떨어지네

지는 가을별 도울
지는 月楓도 울
황혼은 어둠속으로 뽑는다

가을 소망!

가을날 낡아 자창에 이르거리고
댓잎 스치는 소리에 애간장
끓는 가슴만 저리게 하고
　　　　　　　　　그대게

내 침개 ～ 오한 깊은 밤
소쩍새도 잠들 ～ 대그럼
자도 기 ～ 어엇는데
　　　　　　　　　그대게

섬들 모서리에 귀뚜리 도 ～
밤새위 울 ～ 나는
밤새워 꽃잔만 비운다
　　　　　　　　　그대게

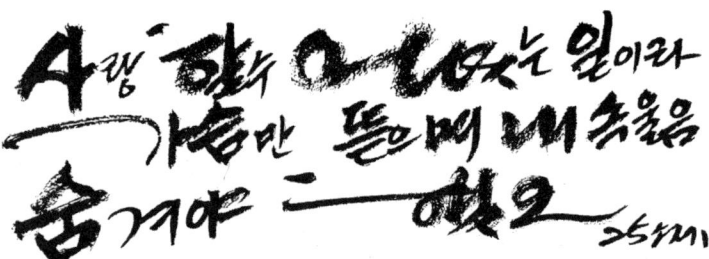

사랑 함부 어렵다는 일이라
가슴만 뜯으며 내 슬픔을
숨겨야 했오
　　　　고은제

봄 날 피는 꽃에만 열광
말 겨울촉에서 준비
한 아픔도 함께오라
　　　　고은제

매화차!
봄 돌아와 향기솔이 펄펄 날리는
노을 찻잔에 매화꽃
띄워 매향차 마신다
　　　　고은제

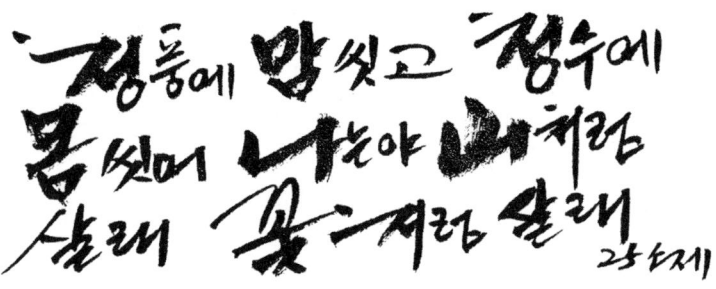

정둥에 맘 씻고 정수에
뭄 씻어 나눠아 山처럼
살래 꽃그처럼 살래
　　　　　　　　25년제

갈증에 물바가지 벌컥 벌컥
마셔본 사람만이 물맛을
　온자 아는 걸　　25세제

반은 나와 그함께
태어 나고 나와
그함께 사라진다
　　　　　254세

가지를 놓는 꽃 丹楓한
잎 뭐 리고 하철래
나비춤 추며 바삐 가는가
二七세

白雪이 펄펄 어땅에 오기전
꽃 윤 갈 해쓴 소매끝
잡 노놀다 가세
二七세

자 데 앓는 사람은 오행을
바라지 않습니다
二七세

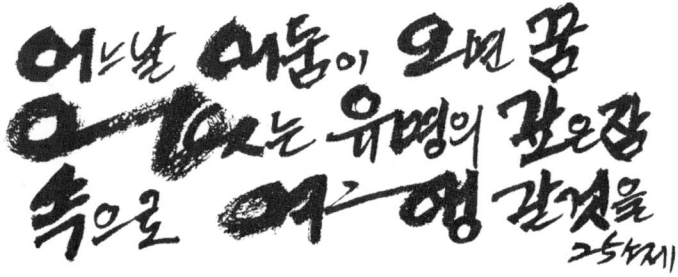

어느날 어둠이 오면 꿈
속에 있는 유명의 깊은잠
속으로 여~행 갈것을
25세제

人生 총암 황혼녘에
詩 ~ 의 눈에 고이는
맑간 진액 ~ 한방울 25세제

丹楓山 !
가을 바람에 붉어지는 저
얼굴 淸風에 대취 해
가을 山 에 누웠다 25세제

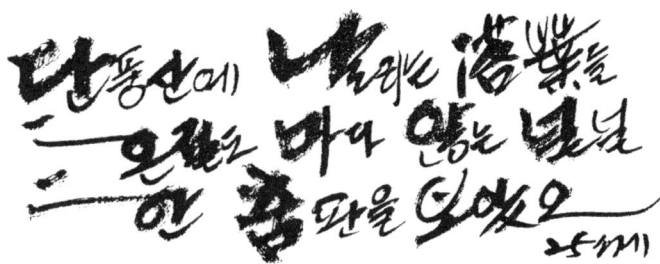

혼자!

그대는 같은 그믐 마음에
뚝 뚝 떨어진 피 동맥처
럼 빨가국 붉게 적어놓고간
그녈에게

지금껏 앓는 마음있는 그사람
마음 속 깊은 곳에 숨어
기득 앉는 외로운 밤
그녈에게

이 그리운 탓 할곳 어닸에
애 곳은 찼 찬만 채우고
또 그 잿고 비우네
그녈에게

23

구절초!
가을빛 너를에는 구절초 꽃밭
그향 그런 꽃밭에 앉아
그놈제

꽃 픔으랴 가을픔으랴 그향
기 픔고 돌아오는길 향기 닿은
발걸음 구름위를 걷는다
그놈제

楓!
울음 없이 푸른향 없이
떠나 가려 그 반단장
곱게 하고 녹의홍상 입었다
그놈제

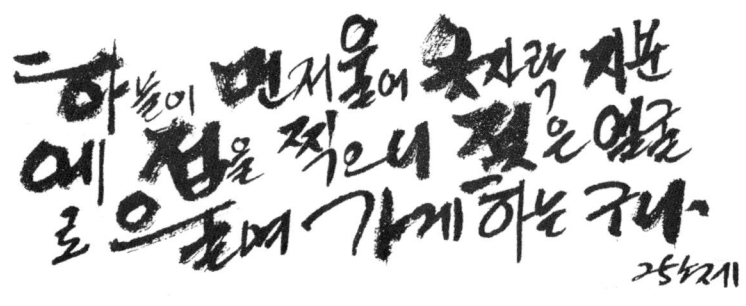

하늘이 먼저울어 눈자락 지판에 점을 찍으니 젖은 얼굴로 으흐흐 가게 하는구나
고정희

떠나는 마음 비젖은 몸으로 떠나 가지만 마지막 꽃송은 두고 간줄 알아라
고정희

가지끝 단풍잎은 하나 실바람에 흔들고 내린다
고정희

사나운 비바람에 찢기우고 짓무
르고 벌레 먹힌 상처로 지는 낙
엽은 아무리 보아도 꽃처럼 예쁘다
　　　　　　　　　　　　　　고승제

가을 길목에 홀로 피인 가을초 보는
이 없어도 머리 곱게 빗고 푸른
하늘 되고픈 다짐으로 피는 꽃
　　　　　　　　　　　　　　고승제

가지 끝 출렁이는 꽃 서서히
벙문 마지막이 아름다워야
삶이 아름답다 - 하는거지
　　　　　　　　　　　　　　고승제

寺에 法비 내리고
天下에 法聲 가득해
간절제

꽃은!
自己를 사랑=하는 사람앞에
비로소 꽃이 된다
간절제

이 고요의 맛
아! 이 맑음의 맛
간절제

27

참으로 아름다운 꽃은
어머니의 눈물 입니다
　　　　　　　　　　　　경해

개인 精神에 그 온가
머물 ― 원 하는 곳에
네 마음이 머문다
　　　　　　　　　　　　경해

아! 가을

날 더러 어쩌라고 ― 어쩌라고
내 가슴에 불 지르는 거야
　　　　　　　　　　　　경해

은사실 흔드는 풀벌레 노래
풀숲 귀뚜리 이슬방울 굴리는
소리
고든제

인생!
올때 멋모르고 홀로 온것처럼
갈때도 멋모르게 혼자 가는것
고든제

우리는 홀로서도 행복할 비책
하나쯤 익혀 둬야…해
고든제

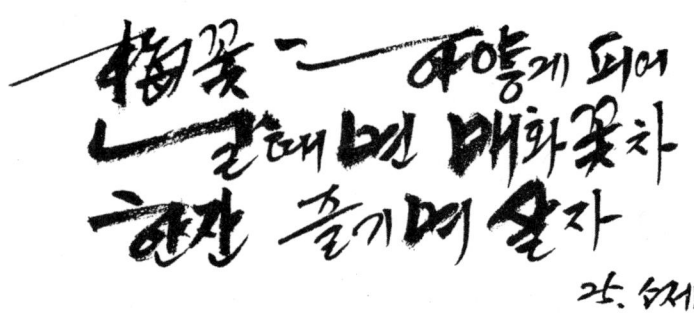

梅꽃 ── 야앟게 피어
올때 비언 매화꽃차
한장 즐기며 살자
　　　　　　강. 수제

꽃으로 살았는 물갈으로 살았
듯 서로 다른듯 해도 모두는
一法속 꼬무락 이다
　　　　　　　그ㅎ체

一法이 뭉쳐따라 萬法이
되고 萬法도 一法속
모융이 된다
　　　　　　강ㅎ체

그 철학은 사색의 산물이며
진리는 영원 불변의 법이다
강은제

재빠르고도 바른 세상 만나는
가슴마다 꽃씨 뿌리며 살자
강은제

그 가슴에 꽃 되어나 月그를사
랑~ 가는 사랑앞에 꽃이 된다지
강은제

가을 바람에 흔들리는 저
꽃 연습 하고 시작하는
삶은 아니 엇다지 26호제

딸기 먹히고 짓밟혀도
기어이 꽃피우
알알이 씨앗속에 사연 담았네
25 호제

구겨진 몸과 마음 마른줄기는
흙으로 돌아가는 수순을
밟 25. 호제

天理의 질서에 순응하며
살다— 가는것이다 23누제

山 중간 어느쯤에 걸마
매어두고— 찬찬히
산—그림자 밟으며 걷고
26. 수제

가을이 물드는 山을 쓸고오는
바람 속에 金— 향 풍어
밝고 달달한 맛 향기롭다
26. 수제

가을 체른 뚝뚝 떨어지는
계절 파토의 황혼 빛에
껴도록 아름답다 그노체

가을은 소리로 울지 않았다
꽃무늬 비단옷 저렁히
입고도 울지 않았다 그노체

이별 위해 얖은옷 슬픔이
전 지켜 나는 치명적
산란 함에 그노체

그간 서리 달빛 서늘한 바람
따라 섬들가 귀뚜리 울어
대는 밤
　　　　　　　그녀에게

밝은 달빛이 한줄기
안개비 처럼 내려요
　　　　　　　그녀에게

애슬한 풀벌레 소리 가을
밤이 구무 소슬해
　　　　　　　그녀에게

풀숲에 우는 귀뚜리 소리 이리도
간절히 들리진 않을 것을
　　　　　　　　2호실

오늘도 달빛에 젖어
남 그리워 우는 마음
　　　　　　　　강실

내가 밤늦도록 잠못 드는 건
내 가슴에 남 향한 불꽃
타오르기 때문 아니라
　　　　　　　　2호실

다시못올 그 한번뿐인
世上인줄 알았으나잔
　　　　　　　　　　소헌제

이 아름다운 世 그리운
연인 께안듯 품어야그네
　　　　　　　　　　소헌제

그 한조각 구름 무상그하여
淸山에 머무는가 했더니
어느 덧 혼 적이 없었고
　　　　　　　　　　소헌제

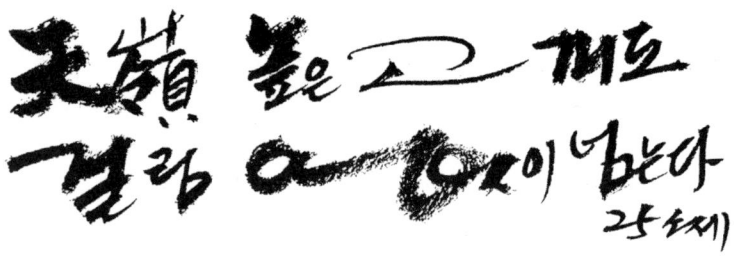

天嶺 높은 ∽ 깨도
걸림 ∽ 으싲이 넘는다
                    2수 소세

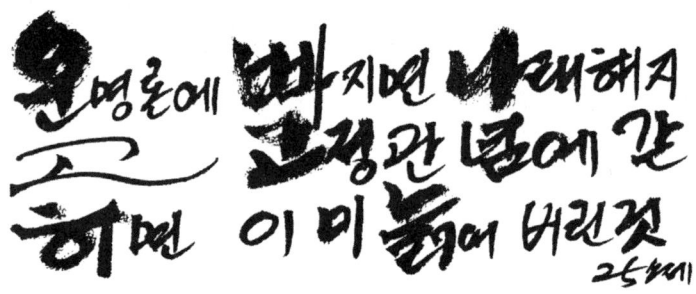

운명론에 빠지면 나태해지
∽ 고정관념에 갇
히면 이미 늙어 버린것
                    2수세

의심 어야 고 집면 어싲이
닫아 않면 어듬에 갇힌다
                    2수세

아~ 한목숨 무게는 세상
의 무게와 동일 하다

무위 自然 法따라 바람
가듯 구름가듯 물흘러 가듯

봄비 내리면 꽃 되어나고
가을비 내리면 丹楓 듭니다

주고한 일은 목숨을 빼
칩는다 ─── 25년제

큭목시 !
가을 바람에 실린 모향이
몽환한 世소을 연다

25.년제

山寺 도량에 金·銀·묘시 동·
설로 서 앉어도 향비단 백무명
향기는 매─般 인데

25년제

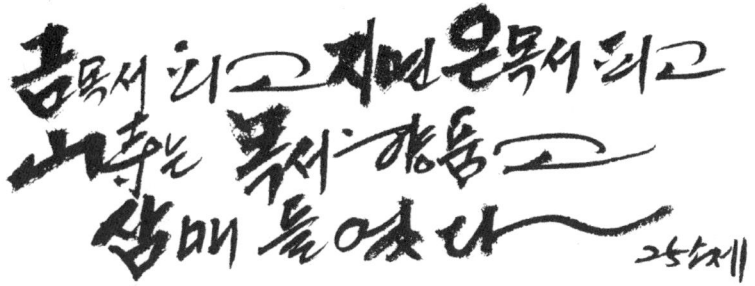

금목서 되고 저면 은목서 되고
山중은 목서 향등
상매 들었다 ~ 그윽제

바람타고 오는 목서 향기는
어디로 좋은 데 山 넘어 계신
님께 보냈수 그요어
그윽제

나 홀로 누리는 것이 罪인양
하여 향기 한아름 폭 떠담아
서풍에 실어 날려 보내네
그윽제

41

소유!
본수에 넘친 소유에는 自由가
발될되~ 책임과 무거운
의무 가 따른다 고난제

힘들어 어려운것 아니라
인정받지 못해 힘들다 고난제

音樂!
천상천하 무현금 소리 들으며
마시는 차 한잔 이승에서
누리는 최상의 호사로다 고난제

여유!

덜면 녀넉는 하고
놓으매 自由로움
나를 앗으매 행복하여라
                          고五재

오르막 身體불가 내리막
이며 큰바위에는 큰 그림자
                          고五재

　집한 이상의 삶을
되위 물린 ― 楊流는 앙
                          고五재

43

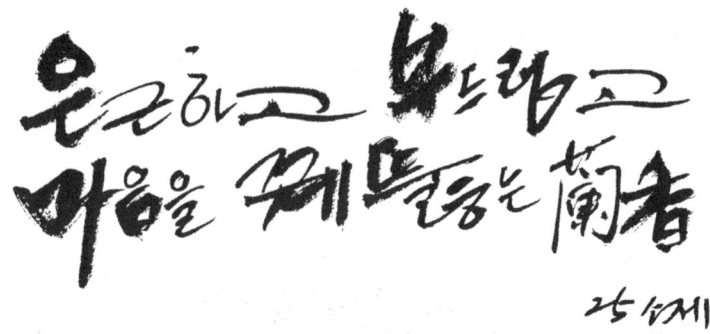

은근하고 부드럽고
마음을 휘여들는 蘭香

梅花는 蘭을 불러 짝자리
열고 향기름같은 미소
로 淸風雅情 나누웠네

自然 法은 !
은밀 한 無理도 웅장을
면 멸수었다.

사랑하라 自然을 自然이
죽으면 사랑도 죽는다 그승제

갈바람 햇살같에 단게운
丹楓을 우수수 날린다 그승제

행복도 괴로움도
내가 만들어 그내가 누린다 그승제

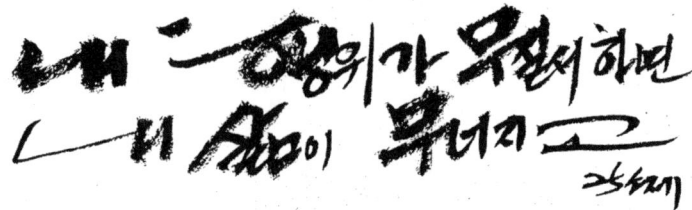

내 행위가 무질서 하면
네 삶이 무너진다
고보배

사람이 무질서 하면
사회가 무너진다
고보배

아, 통탄 할지고
우리 삶이 자살 당한 사회여
고보배

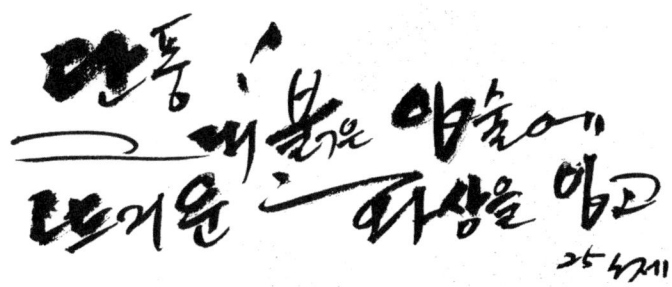

맨몸

매 봄은 이슬에

뜨거운 환상을 입고

25 수제

漁 ~ 하!

어듬에 숨어도 가슴 적시는 사랑

초월한 몸 말의 향기여

25 수제

蓮花香 제자까늄 세월향이 속

막 ~ 가 가슴을 이리도 적시는고야

25 수제

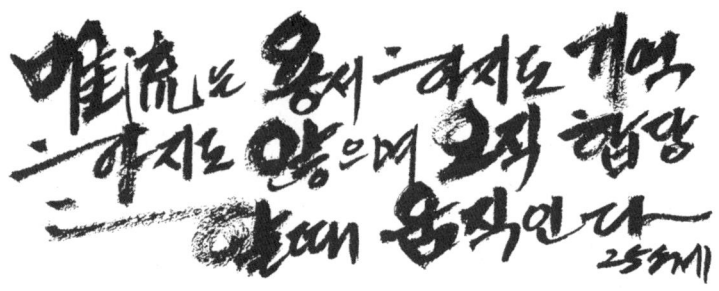

눈에 보이는 것보다 가슴에 그
이는 그 향기가 더 아름답다
　　　　　　　　　25세

무거운 황혼은 서산너머 놓고
그 오까 어슴해 상장이 조여
드는 소름깐 山길에서
　　　　　　　25세

좋이좋은 대나무에 제공 놓여
나팔이 울려주는 황혼의 대담
해주 　돌로 들으며 25세

낭은 어둠 속에서 그림자도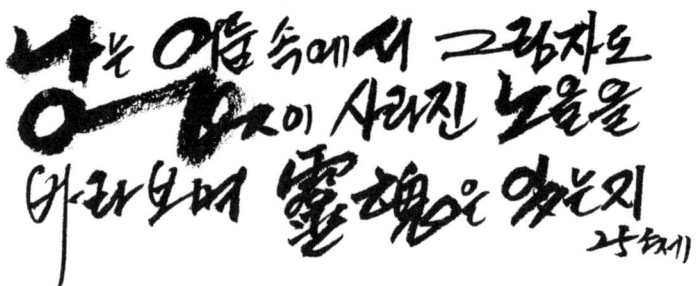
없이 사라진 노을을
바라보며 靈魂은 없는지
그누게

一刀에 몸을 던지며 취보리
劍 들고 어둠으로 들어 간다
그누게

천국 지옥 윤회 구원
언제 부턴가 갈증 ○○이
파 놓은 언어의 함정들
그누게

또 가을!

느낌에 따라 妙音 한번 흩치니
북으로 화려 느늪하느가는
불타는 山河 가네

능선 끝을 山새에 긴장원
느화려한 이별이 바람
따 라 펄럭 날린다
25세기

그황적홍 깃발들 마을마다
그 천네 불감 그 홀 뿌려 山
아가 물들어 불꽃으로 피었다
25세기

그한 시절 4연열량 마른가슴
에 안고 ～～～ 무미 진모퉁
이로 밀려 버렸다
　　　　　　　그녀에게

삶!

아! 소유만이 삶의 목적이
아니 였는데 가슴 한편
모퉁이 에서 귀뚜리 가 운다
　　　　　　　그녀에게

내세가 있다고 말하지 말
아요 검증되지 않는 것에
이 삶을 걸고 싶지 않아요
　　　　　　　그녀에게

달였다 !

우수수 마른잎 펑펑 날리는 밤
뜨락에 겹겹이 낙엽 쌓이고
256제

내내 堂에 호롱도 가물거리는 밤
왰던 시정 밀어 놓고 차
二한잔 마시는데 254제

妙用時 달빛들자 二호롱불 끄고
들 二 달빛 품은 草堂엔
차 향은 달빛타 二 흐른다
255제

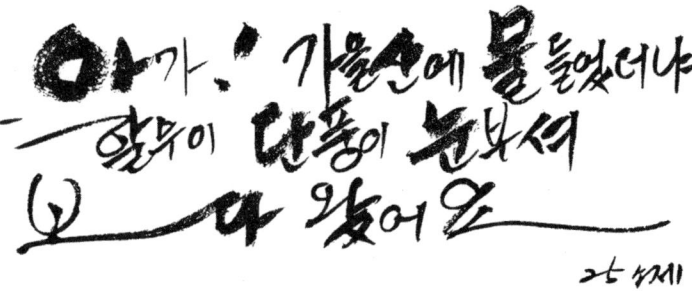

아가, 가을산에 물 들었더냐
할무이 단풍이 눈부셔
오 다 왔어요
　　　　　　강세제

오! 그래~ 그렇더냐!
오늘도 주 하기 전에
떠나야 말텐데…
　　　　　　강세제

꽃 지던 밤!
지던 밤 오하더니
강지에 남은 한잎 꽃
이 내린다
　　　　　　강세제

오마던 벗 오셔 감감도 한데
오늘밤 落葉 쏟아지고 나면
어쩌마나 또 그리우리
　　　　　그로게

겨드랑 곁에서 잠들지 않는
개울물 벗삼아 詩 짓고
책 읽고 죽지 마시며
　　　　　그로게

落葉 지는 긴 밤을 멀어지는
개울물 소리에 실어
이 마음 　올려 보　내리
　　　　　난게

구절초 꽃차!
뜨락 돌틈에 핀 구절초 따다가
하늘 높~ 푸른날
갈 벗어~ 말려   고병제

내 그리운 벗 ~ 찾아오면
찻병에 물데워 묵은수행
든 벗 앞에 내놓으리   고병제

구절초 꽃차 ~ 한잔에 묵은수행
물~ 아! 차맛이 가을이다
갈벗 맑은 날에   고병제

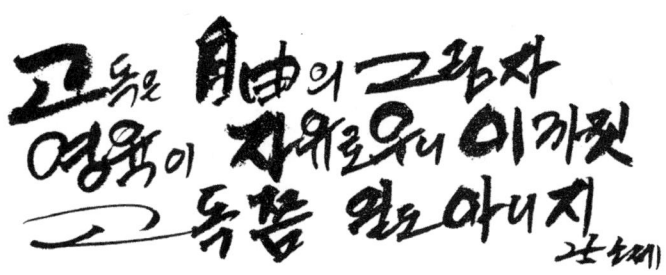

고독은 自由의 그림자
영혼이 자유로우니 이까짓
독쯤 엿도 아니지
강희제

고독도 독속에 묻히면
독인줄 모른다
강희제

世上 언어 굳진 길에 관심으로
물 지관으로 듣는 길
강희제

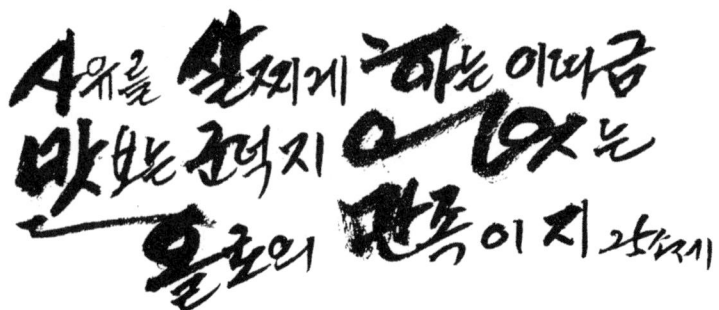

月楓이 무르 익어 뚝 뚝 떨어
지는 가을 속으로 들어 간다
                    그루터기

엊제 ㄴ여월은 끝내 만날수
없었는 여상 삶이란 참
의 연속일 뿐 오늘 지금 행복하자
                    그루터기

그혈란 속에 움겨둔 비단옷
지렁히 않고 실바람에
사근 사근 낙엽이 진다
                    그루터기

59

갈때는 곱게 만들추며
가는 거야 너, 나어맛이
땅으로 와서 땅으로 돌아 가는것
2546제

본성따라 알 행하는 것
오게나 가게나 살게나
래의 모두가 아름다운것
2546제

바람 불면 더욱 좋아라 꽃잎을
벌럭이여 가을이 간다
2546제

마음!

마음만 낭비 하면 온몸에
마음 번지 독만 생각
하며 온몸 에 독 번진다
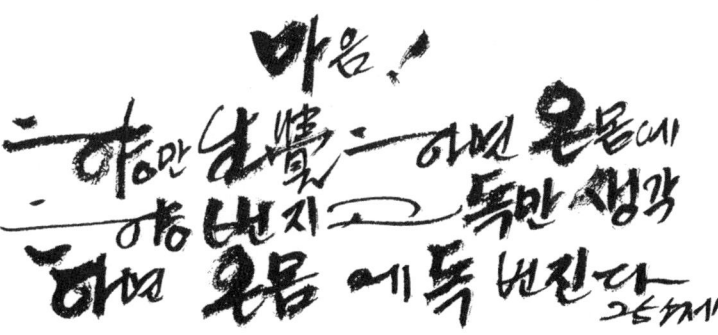

하기싫은 일은 해야하는
이유 백가지를 낭비해
강수제

하기 싫으면 하기싫은
이유 백가지를 낭비해 낸다
강수제

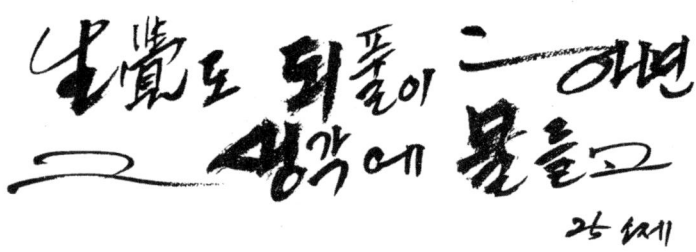

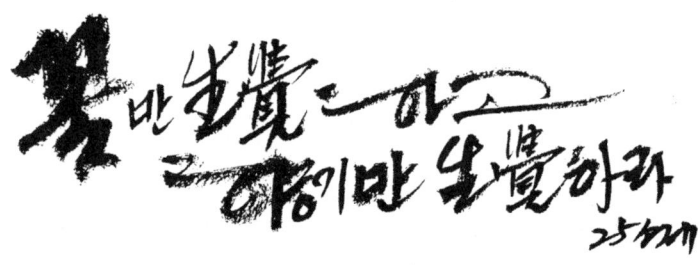

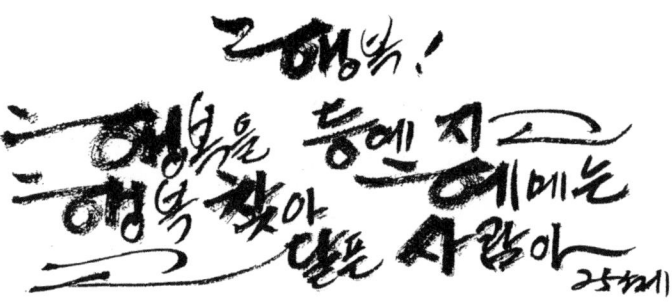

그 행복!

행복을 등에 지고
행복 찾아 꿈에매는 다른 사람아
25행제

港業!
동안 힘들었는 데
꼭 가야만 하는거니
26행제

지는 港業에 아쉬움 이는데
그 웃미소 지으며 나직히
허는 말
27행제

봄이 오면 새싹 돋게 비
겨 줘야그 해 간체

맨주!
수도암 오르는 서목사목 길
그재 찬이 쌓인 落葉 위 간체

외가지 끝에 마지막 그한잎
실바람에 가지놓고 만행떠
난다 간체

앙자는 게쳐 엎어지고 서한
바람 내려가라 등을 떠민다
                        2535제

그리움 !

내가 늘 님을 그리워 함은
님의 한 향기가 내 가슴에
그여 있기 때문 입니다
                        2535제

나 그네 !

객사에 홀로 들어 참 정한 나그네
먼길 겪어 그 단한 몸이
정신은 초롱해 잠못 이루네
                        2535제

아침부터 먼길 걸어온
여정이 그 한생을 닮았구나
고두제

만나고 헤어지고 많고
많은 스치는 인연들 이제는
빈— 방에 나홀로 눕네
고두제

홀로 태어나서 혼자살다 혼자
가는 길 외롭고 고독한건
당연 — 것이지 고두제

어차피 혼자인 세상 혼자서도
행복할 대책 하나
챙겨야 ㅡ 하다네   25송제

ㅡ의 품속에서 영웅이 自由
롭ㅡ ㅡ 비교대상 없으나
나 ㅡ 홀로서도 넉넉하다
                    25송제

山寺는 여기 저기 모두 달라도
듣지 않고 듣는 無明설법은
대일반 이네
                    25송제

바람소리 물소리 책읽는 소리
삼라만상 그대로가
自己 모습대로 實地 ○○이다
25세제

한 生覺도 滅 놓지면
마진살인다 날개에 앉느라
25세제

덧덧○ 흔 念을 살자
법상 앞에 가책 없고
잠자리가 평○ 마음게
25세제

맛진 차에도 행복 하고
거친음식 거친옷으로도
행복할수 있는 삶
25번제

네 면의 그 행복은 마음이
평안 그 하지만 허레 허식
으에는 마음이 불편 합니다
26번제

막추!
산 형 같은 챤비가 마련윈 돌쳐
내리고 썰렁 한 나목의
실손가락이 하늘에 박히고
25번제

어느덧 山楓은 낯설고 찬 기운
익숙한 늦가을 山길 찬비가
한 場을 넘긴다 25승제

또다른 一般으로 너에가는
화엄장 道理 그래도
그또한 아름다운 길이다 25승제

붉은 노을!
산얼에 노을이 일품이지
하늘이 불타는 마지막 봄
꽃들이 만춤의 장관이다 25승제

황혼의 노을진 내 가슴에
깊이 타고드는 저음률
老時는 아름다워라
간누제

준비 그 하지않는 꽃은 없고
준비 그 하지않는 自然은
a ⦁⦁⦁ 라 간누제

빛방울도 구름 마운뒤에 내리고
梧桐은 겨울내내 준비해
이른 봄에 꽃을 피운다
간누제

아리!
아 떠나 세상 살다가
지친 몸으로 아리로 돌아와
비로소 月(中)의 時間 만났다
2수제

아리에 돌아와, 비로소 自由를
연의 뒷담지 하늘보며
봄이면 梅花 여름 흰구름
2수제

강을 바람 꽃月楓 만나보는
아름다운 여유 時間을
마음 편 연애네
3수제

황혼 時間에 만난 찔레꽃
베비꽃 아름만큼 붉은 丹楓은
감성 소생켜 되고

늙음은 세월관에 촉촉그함 안기
며 세상의 아름다움이
가슴속에 안겨오네

自己의 운명은 반복 되는
자신의 습관이 만들어 간다

부모가 남겨줄 소중한 유산은
부모와 그 함께 했던
아름답던 추억이다 2독제

아! 직선으로 달리는 세상
곡선에는 꽃 피고 나비 날고
물 소리 늘어 오는데 ‥‥ 2독제

살아보니 행복은 소유함이 아니
라 감사의 영 이더라
2독제

행복, 받는 즐거움은 가슴에
빛으로 남고 베푸는
즐거움은 향기로 남더라
　　　　　　　고도현제

제 힘에서 배우면 지혜로
쌓이고 책으로 배우면
지식으로 쌓인다
　　　　　　25수제

百번 듣고 百번 볼 것이
한번 구함만 못하다
　　　　　　25수제

제 맘은 깨달음을 얻고
지식은 앎을 얻느라 그수혜제

첫눈!
차원이 가득해 사랑하기 좋은날 두손
가락 쥐며 하늘에서 맺은정
구름으로 떠놀다가 안개로 떠돌다가
그수혜제

선달이 오면 첫눈으로 옵니다
사바에 계신님 행여 볼수
있을까 아픈가슴 들으며
그수혜제

선달이 기울며 황혼이 붉은날
천의무봉 훌쩍입고 그리운 남
찾아 사바로 내려오네
　　　　　2수제

따뜻한 남의품에 안기워
눈물되어 호를 자라도 나는
오늘을 애타게 그리워 했다
　　　　　2수제

납월 梅!
어둠을 베고 칼바람 가르는
여린 꽃입술 선달 찬햇살에
당찬 丹·心이 눈부시게 붉다.
　　　　　2수제

겨울 암자

山길은 가득팍 강물에 서연얼자
시리리 살살 二 다연 냉갈들
                                        2천제

一한솔 밤에 잔두가지 여개만채
우 二 못다한 삼천배 가자
직시 二 해뜰지건 잣는다
                                        35천제

넉넉二함 ㄴ내려놓二선
댁二한 뇌축二감이 뭘견도
함듬도 그건도 함기로워라
                                        2천제

인적 끊긴 앎자 만물이 동한 거라
짧은 겨울 낮을 마감하는 노을녘
산그림자 따라 나서는 (山)종소리
                                        고송제

寺下村 멀리 까지 배웅
          나선다
                                        고송제

山길
언어도 문자도 없고 문자들은
조 리도 없어서 계산되지
않는 원초적 自體의 소리만
                              고송제

나면 날대로 지면 질대로
그 자리엔 天理순응만
있다
　　　　　　고흐제

샤박샤박 山길 걷는다
얼마를 그윽해야 밝은
순수가 ㄴ 내 몸에 스며들까
　　　　　　고흐제

투명 琴에 淸風 같고 밝은 계수의
성품을 얻을수 있나
　　　　　　고흐제

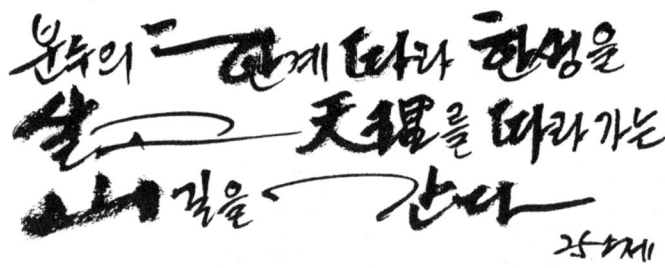

윤두의 一 ㄴ계 따라 한생을
살 天程을 따라가는
山길을 ㄴ간다
강태제

오늘도 碧玉빛 솔바람 고가
淸山의 純香을 마지며
인의 어있는 山길을 간다
강태제

오솔길!
작은 오솔길에 가을이 가고있다
어찌 귀비의 화냥을 부러워하리
강태제

가을 그늘기 이리 수북한데

25세기

25세기

법 속에서 法을 찾는다
25세기

벼에 벼히 부쳐지는 落葉 이승의 마지막 소리 25세제

쁘싹 쁘싹 山길엔 落葉만 그림자 어씨이 뒤를 따른다 25세제

모습! 마음 마음이 自身의 모습을 만들어 간다 25세제

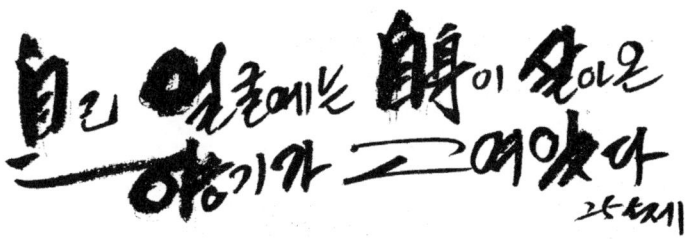

自기 얼굴에는 自身이 쏟아온
향기가 고여있다
고도원

꽃을 품은 마음에
언어마다 꽃향기
고도원

自기의 가치관이 한생을 살아
가는데 이정표가 된다
고도원

행복.

가시밭길 황톳길 비탈길 걷너
명에 벗고 굴레 벗고 짐벗은
자리 노년의 時間 복으로 닳았네
강소제

이제는 세월이 가거나 말거나
그 근심이 없어 강소제

꽃 피고 丹楓 들고 비내리고
눈 내리는 江山에 아름다움
마음껏 누려 봤다 강소제

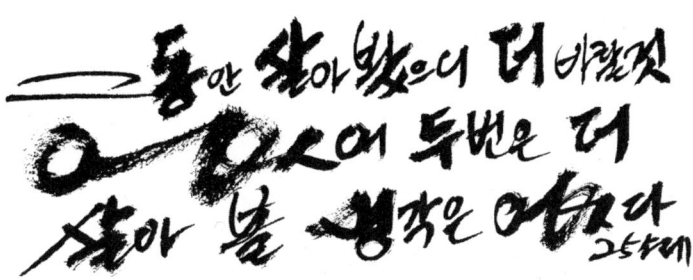

동안 살아 왔으니 더 바랄것
없어 두번은 더
살아 볼 생각은 없다

늦복에 얻은 축복 해탈된
時間 언제나 지금 아침이
나의 전부 랍니다

숲속으로 들어 간다 내마음
오늘에 물들이고 적요에
익숙해 지도록 홀로 걷는다

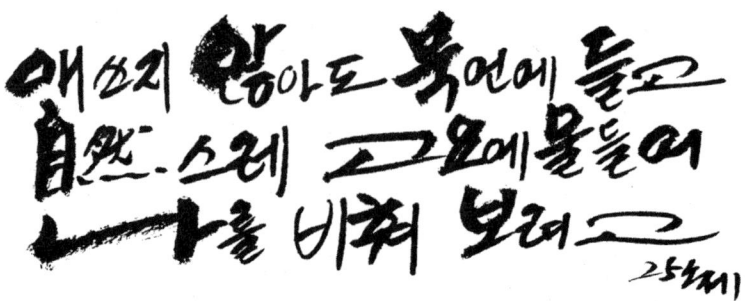

애쓰지 않아도 묵언에 들고
自然스레 그요에 물들어
나를 비춰 보려

차별도 비교도 경쟁도 없는
안가로운 겨울 오후
오속을 걷는다

大人은 윤리 따라 말하고
소인은 이익 따라 말한다

나고 죽는것이 모두가 축복에여
영 원히 죽지 않는 것은
무서운 그 형벌이다
254제

그 완한 妙空!
어허라 고견스리 물에서 물찾고
허공에서 그 허공 찾듯
255제

오르막 자체가 내리막
어 파도는 바람따라
일렁인 것을
256제

가을이 오면

그 놀이 오면 아지랭이 피어나듯
내 영혼 안개에서 풀려나
기지개 켜고 창공으로 날아올라
                   2 5 수제

무한유영 떠난다 여름의 뜨
거움 견디고 꽃들게 올린 붉은
정선들은 열매 속에 내려앉고
                   2 5 수제

풀(벌레들의 해주곡 비장이 달았
뭄은 방정석에 내려 앉는다
가을의 느슨한 진앙크 응을
                   2 5 수제

가을별 따라 떠나가는 구름을
바라보며 시름시름 흘러내리는
낙엽의 살풀이춤 들여다 본다
2스제

그리움!

가슴속에품은 보랏빛 그리움
무현금 소리 쳐 하늘에 올라
가득 차 하늘에 닿으면
2스제

님 다시 어연신해 찾아 오실까 첫
눈은 사뿐히 날리는데 님도 없이
나 홀로 어이 보라고
2스제

가슴 뚫는 두눈에 눈물 만
흐르네 강호제

사람이 동물과 다른것은
아름다움을 아는것 이다
강호제

사랑 !
독은 月中의 그림자
사랑은 아름다운 노예의 꽃
강호제

나는 어느것 그하나 홀로
서는것 없었고 세상
어느꽃 하나 홀로피지 않는다
25세

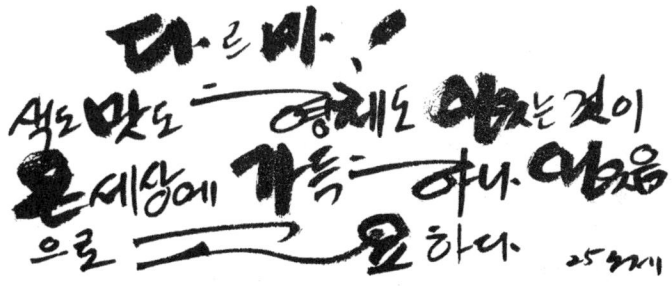

다르매,
색도 맛도 형체도 없는것이
온 세상에 가득 하나 아쉬움
으로 요하다
25세

설혹 깊은밤 어둠 속에도
시도 때도 없이 一法
은 눈떠 있다
25세

93

作用이 평등하여져
천 노소 가람 없었
有情無情 가람 없었다

풍랑은 바람따라 일어나고
큰바위는 큰 림자 오르막
자 재가 ㄴ내리막이다

한계 여계 경계 상황따
라 반응 하고 표현되
나난다

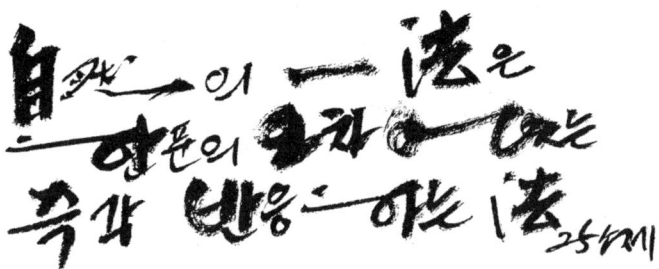

自然의 一法은
여분의 손재을 없는
즉과 반응을 하는 法 간디

自然의 一法을 지배하지
도 않으며 포악하지도 않고
오직 합당하게 반응한다
간디

키친 향기는 사람의
향기 추악한 냄새도
사람의 남새 간디

독―행!

그 개를 넘기고 혹한이
깊은 오솔길 홀로 걷는다
25세제

그림 누리 眞法이 가득한
오 솔길 내 知覺 량 만큼
주위 알아 오 눈길
25세제

영혼 속에서 행복을 찾는
사람은 삶이 가치런 하다
25세제

햇살 따사롭고 밝은날
봄날이 좋아라 꽃가지에 앉아
그대 그하는 작은새
                    그누구제

죽음의 축복!

죽음이 주는 축복은 다시는 영원히
보고 듣고 촐覽 한수도
없어 가는 것이다
                    그누구제

꿈 없는 장속에 처한
오 벗의 망상 없는
품에 없는잠 이로세
                    그누구제

97

겨울에 !
보내지 않았는데 떠나가고
… 하지 않았는데 찾아오는
… 손님처럼
25세제

찾아오는 나그네 가면 언제
떠나간 무정한 님을 기어
히 있으려는 차거운 눈물
25세제

겨울날 !
간밤에 외계인이 마당에 씨놓
고 간 알을 오늘 밧서워 풀머
보니 詩 한수 써냈구나
25세제

수수억년 외로움에 홀려버린 달
오늘도 텅 빈 하늘 홀로 갑니다
귀뚜리 소쩍새 노래 어긋이도
2학년제

어쩌다 구름뒤에 숨어 가면서
돌린눈물이 차거운 雪氷되어
하늘에 걸린 달 (月)
2학 대제

네 연극이 끝났으면 오래 머물지
마라 연극이 끝나 막이
내리면 서둘러 내려 가야해
2학년제

꽃은!
꽃은 꽃이라 불러주는 사람
앞에 꽃이 된다 손세제

깊은밤 소쩍새 우는 속을알수
있거든 편한 맘으로 근
달지 말고 자 깨지 말그라
손세제

까련한 달 년 봐두 그 가는맘
쉬운줄 아는가 시린 바람 속앓
찢어도 그것을 견디는 이유다
손세제

태어난 자리에 원망치 않고 태양과
백향에 사념치 않고 가슴에
품은 씨 하나 곧게 피워 올리려
25 채

한줌 갈볕도 두손 받아 먹으며
허리 휘게 부는 바람도 가슴
에 품어 안아 내 꿈 피워 올리려
25 채

모진 찬바람 속 보는이 없어도
머리곱게 빗고 매무새 고치며
푸른 하늘 되고픈 다짐으로 피는꽃
25 채

내 삶의 변곡점 마다 질문던진

소중한 時間이기에

상실에 쓸려가는 삶은 삶어 질

나는 나 답게 사는 것

지금의 삶이 옳은지 그르지

홀로 걷는다

詩人 !

배움을 버리는 만큼 앎보이는 것을
있는 왼 生命을 보고 향기를
보고 슬픔을 보는 앎같세

아름다움 이란 보이는 것이 아니라
느끼는 것이다 아름다움은
보아줌이 아니라 행위 이다
26번째

외우에서 찾는 만족는 좁보다
내적에서 얻은 만족함
이 평안 하고 행복는하다
25번째

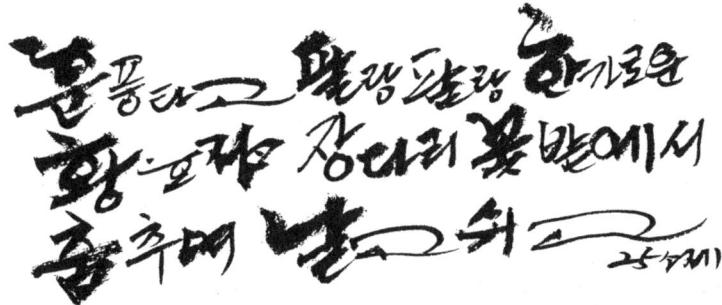

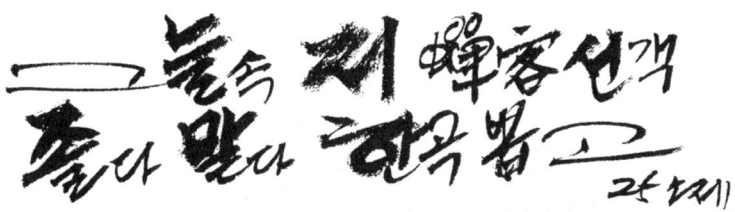

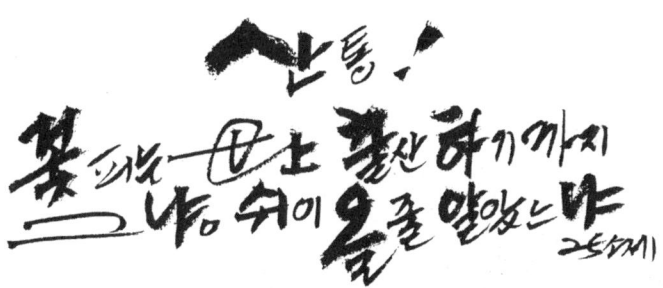

꽃 가지가 휘고 솔잎이
몸부림 치며 손톱 악물고 갈채

꽃 동자 쫓산 하기까지
産痛 산통 悲鳴 비명이 갈채

봄 동자 쫓산 하는 찾기우는
아픔과 몸부림들은 갈채

이 山계산 자락마다 산
그 의 아듬들이 몸부림치고
그 44제)

외로운 山골에 솟아 치는
어름비 처럼 아우성이다
그 44제)

그행복.!
쓸깃ㄴ한 너의방 그향고운귀
피 그 위한 그리고 교요한음악
그행복은 그리 비쳐지 않았다
그 44제)

107

떳떳~하고 당당~하면
그물에 걸리지 않고
소리에 놀라지 않는다
25녀제

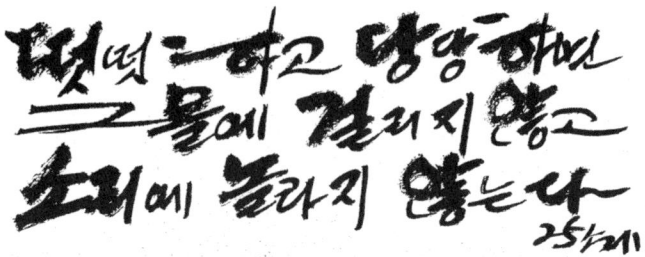

詩~그리고 畵家!
이~한평생 사람을 詩처럼
사르고~그림 같이 사르리
25녀제

인생길!
넓은 들에 모들기처럼 꾹꾹
심기운 사련과 아픔들이
시루떡처럼 쌓여~이고
25녀제

바위틈 맑은 냇물 출렁대는 용이
와 굽힘이 자양분 되어 2층
되고 흙바람 되어 오너라
소요제

大寒！

두근거린다 명치까지 올라 심장
박동질 하는 아픈 까지는
걸어야 보름 남았다
소요제

남으로 매가 실낱되다 통파로 가고
세상은 어둠 아득했는데
벼르던 봄꽃들 웅성 거린다

소요제

시원 시원 실컹한 이 행복
大寒 한마디가 이미 春
이 온것을 아! 봄이온다
고두제

보라!
그 행복은 돋우고 사귀않아도
그 천하에 가득하다
고두제

소원!
내가 원그해서 가는길은 가시밭도
즐겁고 원해서 오지 않았지
만 내 삶은 내가 原해서 산다
고두제

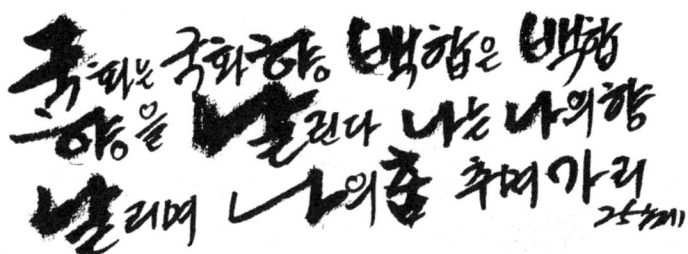

쑥대뿐 국화향 백합은 백합
향을 날린다 나는 나의향
날리며 나의춤 추며가리

이 좋은밤

밤은 깊어라 소쩍새도 울다새다
목메이는 밤 호롱불도가
물가물 지쳐 가는데

외진 山맥 草堂에 밤새워
찻물 내리는 소리 寒士는
무슨 연고로 잠못 드는가

111

온 밤을 뜬눈으로 새우는 것은
그리움이 촛불되어
타오르기 때문입니다
　　　　　　　　각혜제

삶의 길따라 살다가 교회에
이르니 세상은 텅비어 길이 없다
그러니 모두가 길이로구나
　　　　　　　　각혜제

구할 생각 없으니 걸림 없고
내 세울 일 없으니 시비
없고 생사 관심 없어져
정　　　　없다
　　　　　　　　각혜제

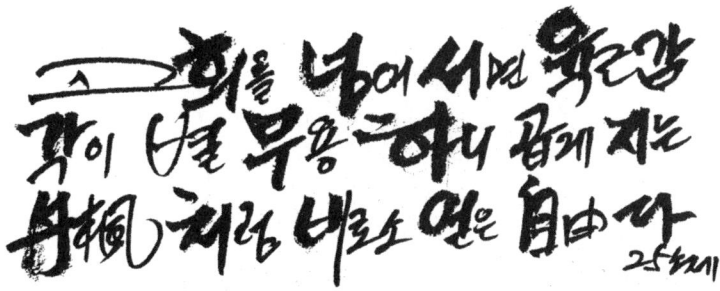

自由로 가는것은 철저히
自身속으로 들어 가는것이다

나는 배부른 돼지 보다
自由로운 늑대를 갈망한다

이 봄! 소리에 설레는 머
리 속엔 이미 꽃 피어나고
가슴엔 봄 향기 피어난다 이수제

아 봄!
남풍불어 오면 앙지꽃 피고
햇살 곱게 내리는 봄날을
어찌 값 매길수 없다 이수제

그 향아름 안이볼 봄 가슴
열면 누구나 안아볼 별.꽃.
그 향기로운 바람 이수제

전국의 정원 한 모퉁이를
뚝! 떼어 지상에 옮겨 놓은 날
　　　　　　　　　25년째

天地는 꽃향기로 가득 찰것
이고 봄밤은 찬란 할것이네
이 봄의 햇님은 누리는 자의 것
이다 ——
　　　　　　　　　25년째

손녀 입에 냉큼 떠 먹이듯 하
늘을 한 아름씩 한 아름으로
세상을 살리고 왔으니 가세

아마! 이런 모습이
하늘의 마음 일것이다
금수제

봄비!
안개 속으로 봄비 내리는 날
향 고운 녹차 내어 놓고
차 앞에 내리는 빗소리 듣누다
금수제

하늘이 내리는 청정에 눈뜨는
새싹 梅香처럼 고운사람
사랑이 그랍다
금수제

정신 !

남의 神 으로 부터 독립하라
그리고 나의 神 찾아
나의 精神에 의지 하자
25세제

自神 에게 기도 하고 自身 이
행동 하면 自身 이 원함을
이 룰수 있는 것이다
25세제

혼자 있는 것이 고독이
아니다 외로움도 아니다
함께 있어도 외롭다
25세제

117

사람은 서로 하나되지 않기에
외롭고 내가 너로 숨지 않
기에 독하다
　　　　　　고독세

그 독에 갇히지 말고 고독에
스스로 머물러라 강한사람은
고독속에서 꽃되어 올린다
　　　　　　고독세

행복은!
내가 씨뿌려 내가 가꾸고
너가 누린다
　　　　　　고독세

불행!
부정한 습벽에 한 행동을 돌이키
지 않아 습관이되고
그 습관은 종래 불행이 된다
　　　　　　　　　25세

두 발다리!
여왕처럼 가벼운 몸에 머리만큼
큰 눈동자로 세상을 관조하고
인생을 유유자적 하더니
　　　　　　　　　25세

서리 하얗게 내린 가을
아침 막가지에 앉은채 미동
어요이 아직 들었다
　　　　　　　　　25세

스스로 一 독— 하라
고독은 自己를 잘하 사랑수있는
절호의 기회이다~
간디

그리움!

봄산은 안개 속에 숨어 울고 꽃물
은 한병 속에 애끓는데
님은 어이더디는가 봄배탓 인가
25후세

오래던 님소식 없어 하늘도 울어
春梅花도 봄비 젖어 뚝뚝 지는데
님그리는 마음 달래려 차를 대리네
24후세

봄이 바라오며?
그런세월 뒤돌아 오니 나라부터
그 희 까지 人生살이가 어려라!
젊은 동영상 그 한편이로세)
　　　　　　　　　　2부5세제

오월 봄바람은 과연한재자
지마 자랏 살내음 사분사분
나 무께며 걸어 오는길
　　　　　　　　　　2부5세제

연홍색 봄바람에 남촌의
꽃별들이 산둥성 골골마다
눈뜨는 그 햇살이 눈빛들
　　　　　　　　　　2부5세제

따시한 봄바람에 웃는 희망들
짧은 삶 살드래도 옹골차게
살리라 다짐들 풍성하다
25도씨

진달래!
연분색시 마음 여리고 수줍구나
가느다란 목소리로 조금만 놀려도
끼는 실비에 첫듯 눈물 고이고
25도씨

숨겨시 다독여도 여린 삶
짓무른 그 ─── 곪아 쏘댕아도
여상 앉는다
25도씨

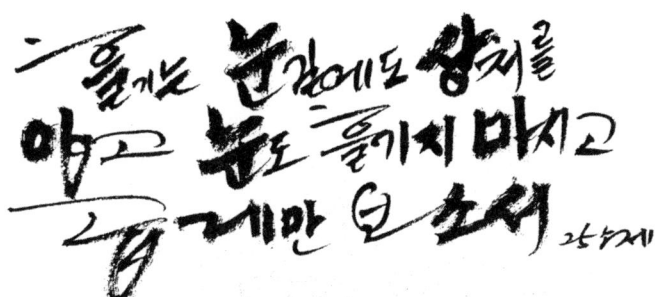

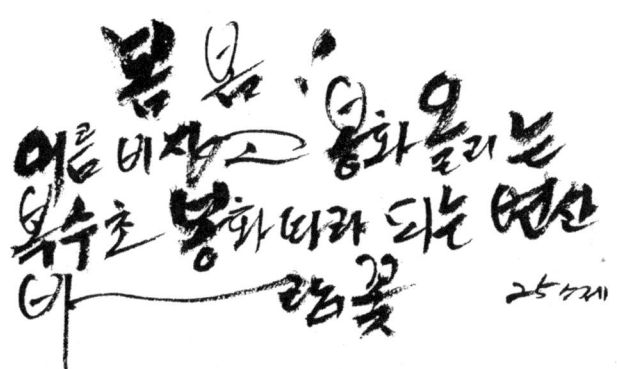

목이 걸어 하그리 야위워도
이른 새벽빛에 뒤 따르는
양지 들에 가냘픈 노루라 25초제

선잉 노래!
선앙사 權 된면 늘어요
그 안번풍은 그 함께 몇
(백번을 돛는데 25초제

百년도 못사는 이뭄 어제 다림한
마음 그 앙이는 仙이는曰
무너지니 부끄러워 라 25초제

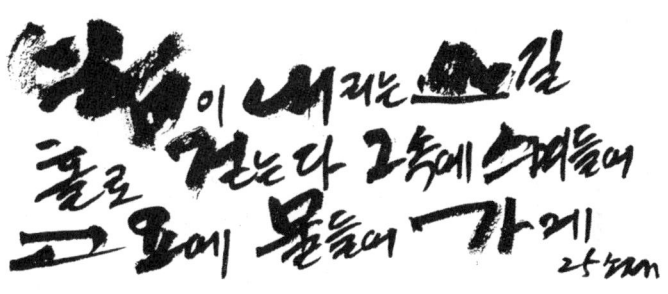

그대 붉의 옥심 ㅇ 였어
꽃송이로 똑 하나 노래힌
에 꽃잎 여며 두는 모습이네
2수행제

밤이 내리는 ㅁ길
홀로 걷는다 그속에 스며들어
그 모에 물들어 가네
2수행제

내 가슴에 스며드는 淸淨이
본성의 行으로 나올때까지
淸風으로간 흠을 하다
2수행제

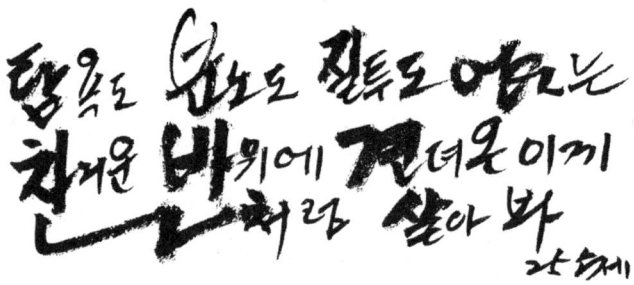

탐욕도 분노도 질투도 없는
찬거운 바위에 건너온 이끼처럼 살아 봐
간혜제

시린 바람 이기고 봄 이르키는 노래
언덕 의지도 정선도 않고
싶은 홀로걷는 산길
간혜제

봄 왔네!
달큰한 바람 한줄기
튕겨져 나갈 종아리가
우르르 더널리
간혜제

맥박수 습습 아직은 새벽 봄
한청에 놀란 새들을 ...별
소리에 왼쪽즉발 눈뜬다
2수체

가지마다 햇불켜고 가쁜
숨 몰아친다 준비 끝내
알갱이들 불꽃이 튄다
2수체

실바람.

봄 바람에 시름시름 지는 꽃앞
寒山寺 대웅전 처마에
天호봉에 날개 사르릉 사르릉
2수체

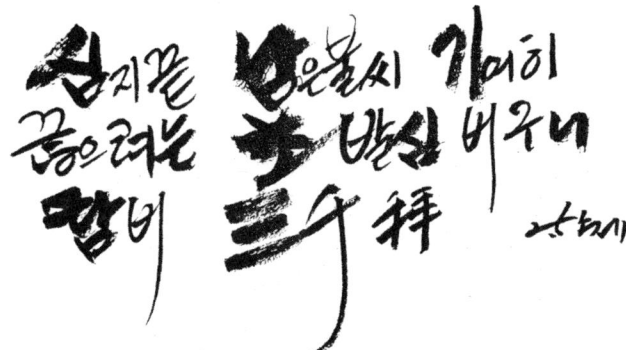

대신 울어주는 풍경이 보았다
속내 流星의 섬광 일직선
아득~히 멀어진다
2537제

손지끝 닿은글씨 가마이
굽으려는 발심 비추니
밤비 三千拜 제

사랑 예술에는
위대한 삶이 있다
2547제

福도 自己 그릇이 넘치게
받으면 禍근으로 돌아온다
二信子제

밤 , 하늘 !
푸르른 하늘 맑은 淸위리 햇
살 따사롭고 하늘 거리는
바람 이대로가 天국 이다
二信子제

主演 주연 !
내 人生의 主演으로 自由로
살다 가는 것이 내가사는
이유다
二信子제

행복이 어디 그곳에 만 있
다 던가 행복은 때와 장
소가 따로 없다
그는제

山벚꽃

나벚꽃 그하늘에 회구름 둥둥
새안 봄山에 산벚꽃둥둥
그는제

山벚꽃 가슴깃털 한올
뽑아 바람에 날려보낸
신머스마 연분홍 엽서
그는제

봄처녀 설레는 연홍복사
꽃 품은 정 수를 놓아 봄볕에
날려 보는 순정의 연서 그는시제

성불 !
산길 내려오며 제자가 묻는다
부처 되는 법 알려 주세요
스승은 말 없이 걸으신다 그는시제

제자는 또 묻는다 부처는 어떻게
되나구요 스승은 휘적
휘적 앞서 가신다 그는시제

131

뒤 돌아 그며 또 묻는다 부처
되는 法을 안 그르쳐주세요
스승은 석공을 찾아 들었다
                              강 누체

스승은 石工에게 물었다 부처는
어떻게 만드시오 ～ 네!
부처는 만드는 것이 아니지요
                              강 누체

돌 덩이 가르키며 바위가 본래
부처인데 부처 아닌 군더지만
덜어 그내면 부처 되지요
                              강 누레

二月

동안거 풀면 수二 대장 풀고 가지
마다 웃는 새 버섯을 달렸던
어열고 읻지 섫버 섫한다
                                        라수제

씨 ㄱ이 열리니 처처에
바문이 일어난다 봄볕에
새옴는 어름녹아 물흐르고
                                        라수제

저처 두두 물물이 화엽장
한꽃이로다
                                        라수제

133

落花岩!
계백의 충절이 오천결사와
함께 꽃잎으로 끝났는가
　　　　　　　　　25세제

의자왕 삼천궁녀도 연분홍
치마 둘러 쓰고 落花岩
꽃잎으로 져 내렸으니
　　　　　　　　　25세제

비 안개 속 철철히 우는 비둘기
애절~ 한 울음은 누구를
해는 울음이던가
　　　　　　　　　25세제

오늘 따라 이리도 애절쿠나,
후루루~ 바람 한줄기에 눈
물 날린 나 ~

원웨이티켓!
꼭 한장 손에 원 티켓 올때
부에 받은 時!日 아무렇게나
써 버려서야 쓰나

수수천 전부터 철철히 알렸
건만 오늘~ 여록가 네 원생이
네자리가 꽃자리 라고

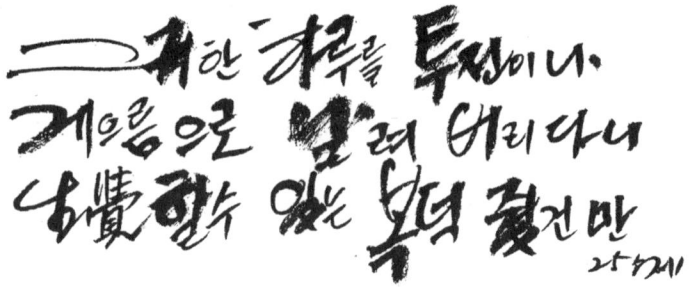

다시못올 이 一生도 千金도 ...도
지금 이자리 ...재일라 최고의
기 회 알뜰 살뜰히 쓰고가자
25세

산재 끝!
봄 볓 때사로운 한적한 오솔길
복사꽃 연분홍 푸른 새 싹들 보렴
그 개 언덕에서 품어본 고향
25세

그 향기로운 봄 숲에 파릇파릇
반짝이는 어린 새 소리
25세

태풍

가을에 사나워 산천이 웅웅해
봉산에 올랐다 사방은
무거운 어둠에 갇혔다
2연째

저쪽에서 들려오는 작은 지저귐
새소리 풀소리 산비둘기 소리는
그 향 교향곡 3연째

에움지 냇개 하얀 산벚꽃 왕제
너 가슴속 품었던 꽃빛 붉빛
곱고 화사로운 한적한 산길
2연째

향풍에 안기듯 스미는 향수
잔솔밭 아늑지에서 장께의
까투리 찾는소리 꺽! 꺽!
25세

봄비

비안개가 山河를 품고 찬비내
린다 새색시 젖애 눈아 가슴
내눟고 젖물리기 수줍어라
25세

삶의 人生苦에 명줄은 어었다
몸도 쓰지 않으면 퇴화되고
정신도 안쓰면 퇴화된다
25세

一世上 風하는 불꽃 되려면
自身의 心고 志를 불태워라
　　　　　　김소제

實參!
보고 듣고 맛보고 경험하고
　　　 하라 마음을 산에 두엇
　　　면 山으로 간다
　　　　　　　김소제

고독의 德!
고독은 自身을 진화시킬수 잇는
절호의 기회이며 고독은 삶의
여백이고 재능소생의 기회다
　　　　　　　김소제

그 독은 自身의 가시을 내며
自身을 꽃되는 時 어이며
그 독은 月中의 그림자
25주제

햇봄!
햇봄 내리는 산결 자욱자박
걷는 나 그네 겨울 끝이라
함께 봄시작이라 하나
25주제

사랑낭 어깼어도 하늘향 나는
그 품에 안겨 보셨나요 淸淨
가지지 않고 품는 초록바다
25주제

오월을 !

안겨오던나온 풍성-이자란그
숲 컷불에 속삭이는 ...와
나뭇잎 목덜미에 피는 폭향과
　　　　　　　　　　　간체

두손 벌려 풀어주는 상쾌한 그늘
그 거년한 낭자의 앞가슴을
출렁이는 폭파 ———
　　　　　　　　　　　간체

새봄 !

양지 마른잎 좀 숨은 촉들이 돋아
라 내 맘어 봄볕 감지하고
눈 세워 새봄 알린다 ———
　　　　　　　　　　　간체

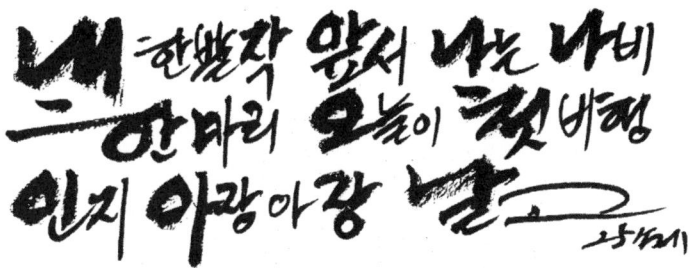

내 한뼘작 앞서 나는 나비
그 한마리 오늘이 첫 비행
인지 아랑아랑 날으
김수기

등에 업힌 봄볕이 등쩌에
잠 들었는지 등이 따뜻해
나도 졸릴것 같은데
김수기

江남 에쓸서 오는지 바람도
보드랍고 어느 꽃터들여 향
품고 오는지 햇쌀 어른거린다
김수기

봄볕에 !

햇봄 내리는 산길 봄 데리고
오너라 ─ 않들었는지 봄볕이
산길에 하얗게 누워 쉬고
(고순제)

먼산 뻐꾹새 소리 가는 오월이
아쉬워 노래하며 배웅한다
(고순제)

나처럼 너나라 추하게 가지말고
소리 없으는 ─ 맘 커담아
들으며 늦은 오월길 걷는다 ─
(고순제)

밤도 낮도 아닌 그늘림 걷는다
눈처럼 내린 대국꽃 누운길
슬며시 즈려밟기도 미안한 길
　　　　　　　　　　그녹제

오월그하순
다 컸구나 풍성하고 푸르르니 줄가
시커도 되겠다 보랏빛 들꽃
한 정이고 숨그늘 푸리아라
　　　　　　　　　　그녹제

오월 山속에 넘치는 깨춤과
톡톡 터지는 山 딸기 맛새롬
한 오월이 깨물어 진다
　　　　　　　　　　그녹제

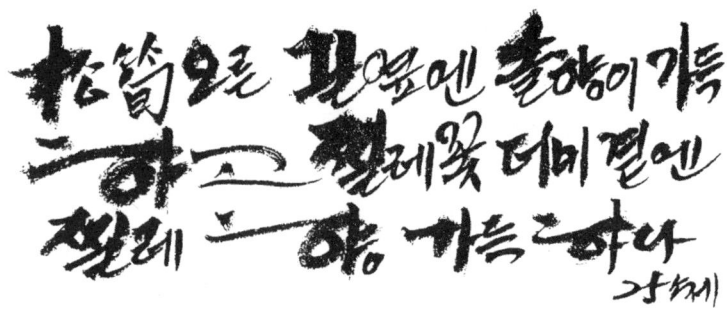

松筍으로 꾸민 뜰엔 춘향이 가득
찔레꽃 더미 곁엔
찔레 향 가득 하다
23수제

겨드랑 잔나무숲 백새소리 가
옥구슬 솔으듯 銀빛이 나고
싱그럼아 맑음이 물컹물컹 넘친다
24수제

오월 중순,
먼 山에 내무새 울때마다
하얀 찔레꽃 꽃 뚝뚝 떨어진다
25수제

눈을 사물과 自然에 젖튼
던져라 젖은二 할때 열늘
리면 대답이 들릴것이다
二十六世

오직 實地法 求하여
깨달음을 얻자
二十六世

말이나 文字에 매이면 神격화
二 하게되고 신격화 하게
되면 허자에 빠진다
二十六世

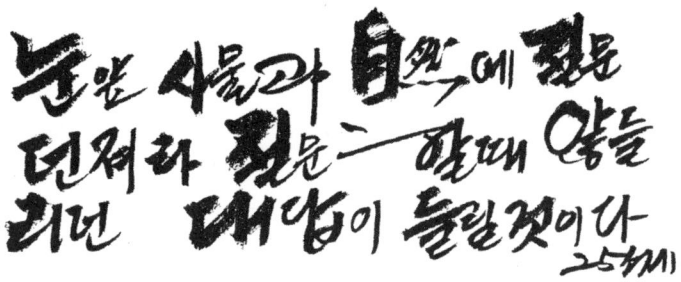

세상에 우뚝선 偉대한 번역가
부드써가 天神이 아님을 확신할때
바른 안목이 생길것이다

너들이 못알아 볼 自然의 생성소멸
이치를 연기法으로 알아들을
수없게 제한것 뿐이다

뭇 다의 힘!
우처님은 말어없는 말을 들음
없이 들으사 세상
의 一 法을 깨달으시니

내 자리가 잠이니 아침에 깨
우치면 어둡던 法眼이 홀
연히 밝아 지리라 경허제

보고 듣고 맛보고 생각하라
法性이 가슴에 들면 천하가
꽃동산이오 바람소리 음악일것
경허제

바람에 날리는 꽃잎그림자은
장경의 악구이며 그한잎이
다시 장경의 모습이다
경허제

賈相을 광주 하며 꽃향기에
참 피어나는 眞如를 볼지어니
간호제

애써 찾을것 없어라
손안에 있는 실상 그대로가
眞如이니 관하고 찰하라
간호제

山넘어 진리 찾아 떠나는
것은 뜰 앞에 梅花를 두고
집 찾아 나서는 햇발짓
간호제

정지된 듯 하다 정중동하며
움직임 ㅇ—ㅎ이 움직이는
무상 一체 들이다 ~

25번제

엎처내진 !

눈앞에 펼쳐진 모든 심상은
참이며 인과의 결정체들

25번제

대인은 靈魂 속에서 행복
을 찾고 대인은 삶
이 가치던 하다

25번제)

대인은 절제를 알고
소인은 명줄을 몰라

대인은 命을 質로 알고
소인배는 율으로 산다

유아독존
나는 모든 사람은 自己 한
사람으로 존재-하는것

어떻게 살고 어떻게 죽느냐
이것은 철학이다 김충제

생겨난 것은 반드시 멸한다
이것은 진리다 김충제

철학과 진리
철학은 사색의 산물이며
진리는 불변의 법칙이다
김충제

人間.

사람은 우주적 그관참에서는
극 미세한 미생물이며
그런데

자구적 관점에서는 거충이며
자애와 잔 혹을 품은 양날의
칼이며 눈부신 동물이다
그런데

자는 해의 관점에서는
아직은 불나방 이다
그런데

내가 원하는 것에 간절함
있는가 나 스스로와 행복감
은 정비례 ~ 한다
(25세)

죽은 통나무는 잔물결에도 떠
내려가도 살아 있는 물고기는
거센 물살도 거슬러 오른다
(25세)

쑉!
4월의 봄볕이여 빛난 하늘이
눈부시게 아름다워라
(25세)

망각!
망각도 축복이다 잊어야 산다
지난 봄을 잊어야 하기에 오는 봄
이 설레 ～ 김승희

기억력 떨어진다고 애닯다
그 잊어야 산다 살다보면
못 잊는 ～ 통을 알지 김승희

잊혀지지 않는건 삶에는 짐과 같
은것 세월과 함께 아스라해
질때 새날을 맞이할수 있는것 김승희

백 사장에 예쁜꽃 그려놔도
파도는 모든걸 지우고 새
노래 기다린다　　고상체

잊어야 그 핸건 잊고 살자 세상은
금방 지나간다 묵은해 잊어야
새봄이 온다　　고상체

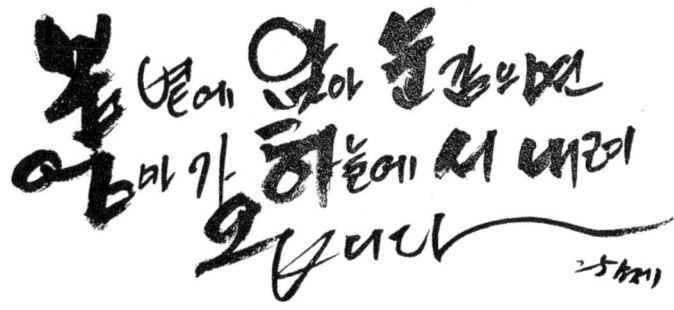

봄볕에 앉아 졸그으면
머리 가 하늘에 서 내려
오십니다　　고상체

안개속 재원에는 뻐꾹새 소리
노구는 암좌에 앉아 흐르는 안개
종 사위를 훑져 봅니다
2두세

日上을 낙원으로 만드는 첫
비 비안개 속에서 내리다
갰다 그 하루를 건너 갑니다
2두세

물안개 회장치 실루엣속
어린 초목엎에 가만가만
첫 물리는 초록비 내립니다
2두세

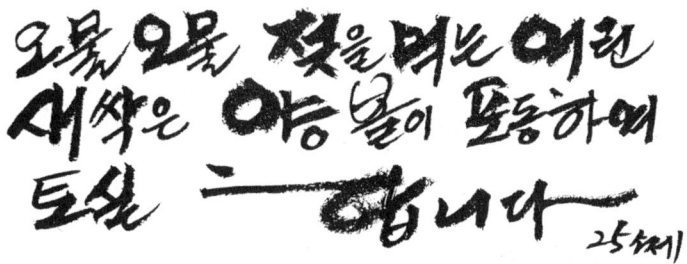

마음이 무거우면 세상도 무거워
지는 法 늘 살 覺 하고 올바르게
살려고 노력해야 돼
2승께

사물과 상황에서 개 않고
세워며 교훈을 터득하여 自己
증성마다 적응해 살아야해
2승께

眞理는 늘 내곁에 있다
마음의 눈떠 지혜를 얻자
2승께

찔레꽃!
외고 높은 찔레꽃 밭두렁에
피어 날때 쯤 노고지리 종달새
하늘에 올라   25번째

보리 밭 사 의골에 어린새 앉혀
놓고 봄노래 불러주며 세상
아름다움 알려 준단다   25번째

꽃불 너희들도 자라거든 이
아름다운 나는 노래 하며
아름답게 살라고 일러 준단지   (다른제)

훈훈한 2월바람 보리 가지락
바람볼에 빗질 하면 누이의
머릿결 흘리듯 곱고
　　　　　　　　　　고도제

째레온 달 하고 비리는한
싱그런 내음 목젓을 건늘며
넘어 가노라 면　　　　고도제

요한 뱃속에 개변이라도
오신양 소란 한 맛이가
꼬록 꼬르록 요란한 2월이지
　　　　　　　　　　고도제

오월은 하순!

밤새워 오월 늦비 내리더니
구름 개이고 세찬 바람 분다
푸른 그 정원 꽃잎이 진다 2수제

멈추는 꽃도 떠죽꽃도 떠나는 오
월 바람에 가지는 몸부림 치고
꽃잎은 억지 이별을 한다
2수제

서둘러 꽃잎 터는 바람 속내는
무엇인가 유월을 준비하는
차려바람 그 아는 것
2수제

이리 사납게 으르대는 것은 누굴
위해 하는것도 별주는 것도
아니란걸 알으나 살아야지
　　　　　　　　　　25 여제

제5소산!
그들 　　걸걷는다 난해한
현재 　의 바람소리 몰치기
언어 문자 　흩어진 　길
　　　　　　　　　25 여제

무언= 하고도 교만 할수 없고
소통= 　　할수 어없으니 어쌍
도 완벽심도 알지 않는다
　　　　　　　　　25 여제

오월의 다람쥐 갈 널조각
숲 그늘 돌다리 건너듯 건
겨울 질감 건너뛰듯 걷는다 강수제

개수의 물소리 향긋한 바람소리
안개의 흐름들이 무짝 그래서
明鏡 그처럼 맑고 밝구나 강수제

지는 오월
숨죽인듯 조용한 山그리마
질막 개지 향기 날레며
오 월이 간다 강수제

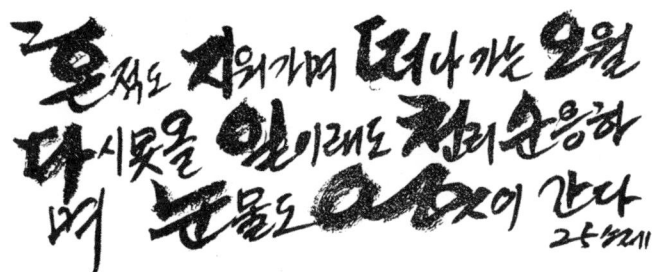

혼자도 차워가며 떠나가는 오월
다시못올 알이래도 철리 순응하
며 눈물도 아낌이 간다
　　　　　　　　　　　2등 숙제

무 질서
질서를 중히 여기지 않고
무질이 ～ 행하게 되면
무질이 꿀밥에 맛들리고
　　　　　　　　　　2등 숙제

무질서에 맛들면 철되는 피
～ 않수 아없고 행법가
몰락은 自己 몫이다
　　　　　　　　　2등 숙제

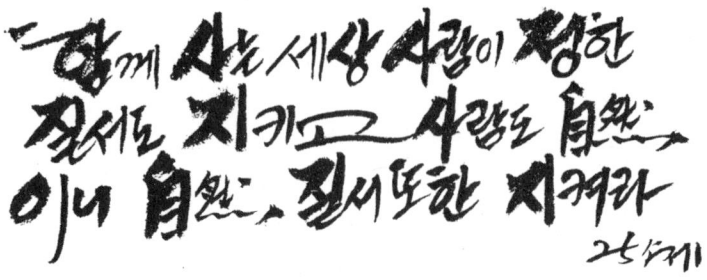

함께 사는 세상 사랑이 정한
질서도 지키고 사람도 自然
이니 自然 질서또한 지켜라
간호제

소요자래 !
새소리 반짝이는 외진 내 길에
늘 쏟고 가는 바람 한줄기
간호제

꽃 쏟고 새일 쏟고 향기도
품고 맡고 가는 세월을
한가로이 바라본다
간호제

그 회한에 보자 되어 자자의 얼을
진개 ~ 저럼 내려놓고 뒷감
지고 걸은 길이 고양기로운 길
　　　　　　　　　25년제

어찌 어제야 비워낸 가슴에
정아한 풍경 소리 새소리가
가슴에 들줄 어이 알았을꼬
　　　　　　　　　25년제

자말에 밝으는 백수 멎을에 정정
세월 가득고 흔구름 세이며
유월 바람타고 시름 어딨어 보낸다
　　　　　　　　　25년제

169

오월 꽃들도 피울건 다 피웠다
잠시 숨ㅡ르고 유월문 열
고ㅡ 넘어가는 세월 간세

ㅡ요한 산길 작은 새소리
외진 너ㄹ길에 노랑 솜바귀
바람에 하늘거려 재롱을 살ㅡ
간세

적막을 자근 자근 으깨 가면서
멀어져 가는 오월을 마음담아
전송ㅡ한다 그ㅡ맵다 수고했다
간세

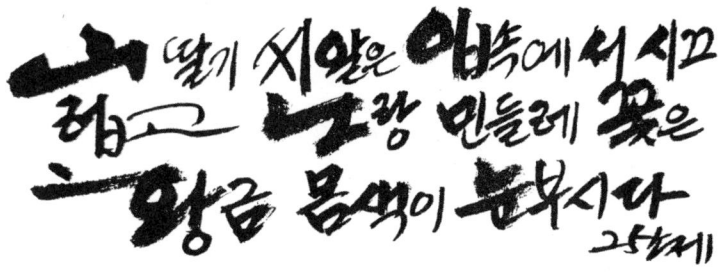

山 딸기 시안은 어둑에 서 시끄
럼 낮랑 민들레 꽃은
황금 봄색이 눈부시다
25세제

世上은 너로 어우러져 아름답
함께 살아 낙원이다
25세제

눈부신 동물 기름진음식 향기
로운 술병들 반짝이는 비단
옷 화려 함 넘치는곳
25세제

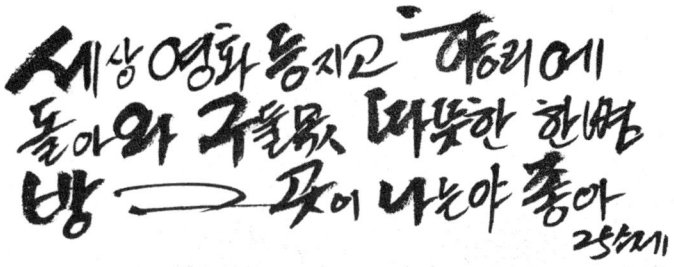

세상 영화 등지고 아흐리에
돌아와 구들묵 따뜻한 한뼘
방 ⟶ 꿈이 나눠야 좋아
2독제

서늘한 솔바람 청아한 풍경소리
土房 박히는 호롱불 아래 차
한잔과 영화는 바꿔먹지 않으리
2독제

솔숲 사이로 바람 한줄기
지나 가니 후루룩 봄춤도함
께 떠나 ⟶ 가는데 2독제

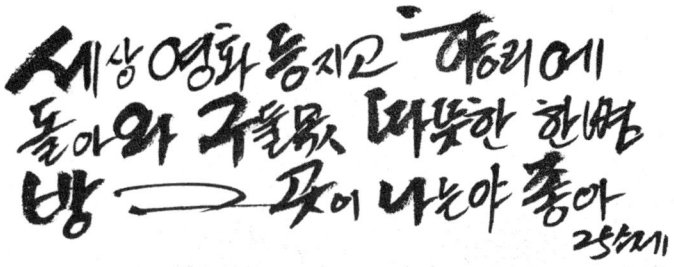

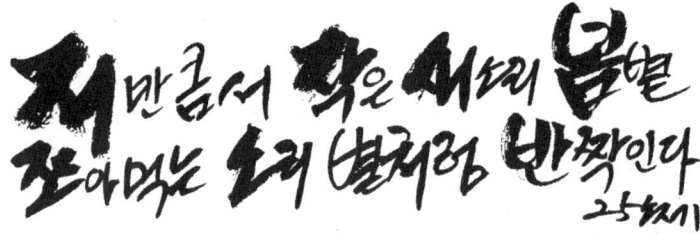

저 만큼서 ...은 새소리 봄볕
쪼아먹는 소리 별처럼 반짝인다
　　　　　　　　　그루터기

빛도 소리도 이었지는 그윽한
마음 밭에 몇 겹으로 다져되도
변二방 이 없는 그향기
　　　　　　　　　그루터기

남울 ...!
어떤 목마른 그리움이 애태워
울린 심중의 피 방울
　　　　　　　　　그루터기

삶은 얼마나 찬란한 것인가
죽음 같은 어둠을 뚫어 제친
한 낮의 꽃잎 같은 삶 강순제

아름답게 살다보면 늙기
어도 아름답다 강순제

모르고 가면 안보이던 것도 알
고 가면 보인다 삶도 그렇다
지금이 행복 인줄 알고 가자
강순제

쉼 없이 갈고 닦으면
빛나지 않을수 없지
　　　　　　2500제

그 위에 앉아 세상 바라보니
모두는 　한마디 말없이
自己꽃되어 自己향 뿌리다
　　　　　　2500제

　한생을 살고 생의굴레를
끝내 느낀엔 天眞의
본성으로 돌아 가야르네
　　　　　　2500제

노후에 앉을곳은 천진 그자리
놀어야 열을수 있는 주中이
심물그 한 절호의 기회다
　　　　　　　　　그늘소제

觀心하다 보고 찾아갈 그곳
本性 천진으로 돌아갈 앞
이 다 ───────
　　　　　　　　　그늘소제

의으료!
짓무르게 와거진 숲속 은밀한
야증기 울곡은 단속에 임하다
　　　　　　　　　그늘소제

뻐꾹새 목쿡 쩌듯 울어대고
장끼도 껑! 껑! 까투리
― 샀는 소리 한창이고
28수제

숲 속마다 밀어들이 베릿는 애
아카시아 끝대 와터 ㄴ내
이럴줄 알았지   24수제

그 늘이 달콤― 한것이사
겁을 부르거야 다음달에는
여기 저기 얍덧사래 나렷다
25수제

밤 나무 꽃 陽솝에
노 ㅡ렷줄 알았어
                    김순제

온다 /
우산들 ㅡ 내길 걸어오르는 내내
갈까마귀는 自己 언어로 울고
우뢰는 나무 나무 사이를 쓴다
                    김순제

내 정에 오르니 구름은 바람이
미는 대로 산넘어 가며 이따
금 구름의 사리 淡露 내리고
                    김순제

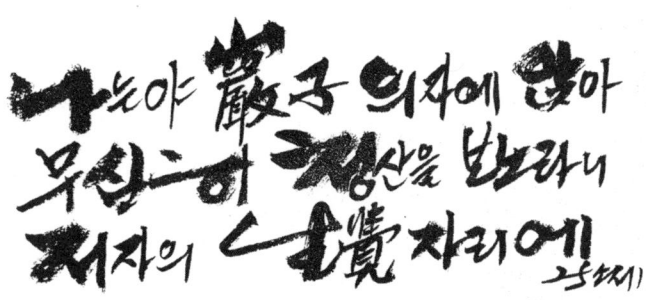

나눈아 巖子 의자에 앉아
무심으히 정산을 보라니
저자의 ᠆ 覽 자리에
　　　　2호작제

운무 靑山 속 산새 소리만
들락 날락 한가로히 머문다
　　　　2호작제

命!
꽃᠈ 한(의)뿐인 一世上 어느
어느 잘난사람 그림자로 삼지
말고 自己 그림자를 꽃으로 만들자
　　　　2호작제

딱 그 한번뿐인 삶 내멋대로
살아 그 하고 싶은대로 살아
누구도 닮지말고 오직 나만의나
　　　　　　　그는 소재

누구의 빛도 닮지 말고
나의 삶의 빛을 발하라
삶은 지금 뿐이야
　　　　　　그런거지

대충 살기에는 너무 아까운
삶 지금 이대로가 막원이며
그전궁 인 거야
　　　　　　그런거지

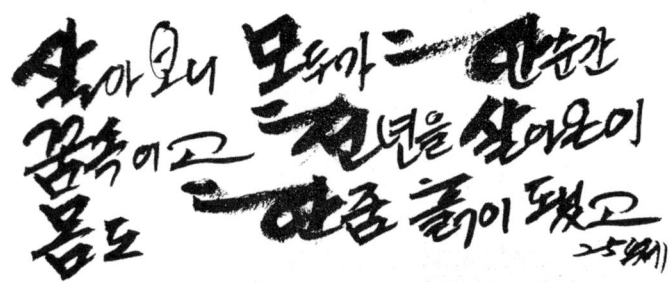

살아 있을때 몸은 ~ 아시오
~ 그대가 부원의 춤이요
그나제

호 점몽!
세상에 던져진 生命이
~ 한들 살아는게 신비여
그나제

최의 삶 마음가는곳에 점쯕
~ 꽃피고 단풍지고 ~
계절마다 찾아보며
그나제

땅 울려 앉는 하는 삶은 모
두가 풍경 이엿고
음악 이엿고 꽃밭이엿어
그 속에

보고듣고 만져보는 경험들은
지혜로 꽃피어 가슴에 남고
줄타기 묘기처럼 솟아온 것은
그 속에

아슬아슬 그 행으나 가슴에
남는건 꽃추억 되고
그 한세상 삶이 꿈결이엿다
그 속에

細雨 !

유월 靑山에 은총 받은
가슴은 촉촉그했다
　　　　　　　　　　　고두레

스님과 한나절 茶를 마시고
주고받는 다담은 청풍이
서말 白운이 서말 !
　　　　　　　　　25. 5
　　　　　　　　　고두레

靑天! 하늘에 흰구름 한점
구름 아래 이것이 떠가는데
뒤따라 홀로 나는 白노한마리
　　　　　　　　　　고두레

185

해 기울어 내려오는 길에
눈앞에 떠오른 뭉게구름 한 덩
떠 가 네
　　　　　　　　　　　　二五세

草堂茶談 /
달밝은 가을밤 애틋한 풀벌레
소리 너무 소슬해 차 한잔
내려 놓고 생각에 잠기는데
　　　　　　　　　　　　二五수세

님의 작은방에 홀로 갇혀
중진형이 그리운 차거운 밤
차 향도 님그리며 울며흐르네
　　　　　　　　　　　　二五세

깨침!
道는 깨달아 알고 있는
것에 있는 것 아니고
25세기

깨달음이 체화되어 행, 언,
으로 나오는 사람에게 있다
25세기

道는 앎에 있지
않고 그 행위에 있다
25세기

187

그 행복은 감사의 문으로 들어
오고 불평의 문으로 나간다
25호제

날 맑으면 맑은 대로 좋고
비 오면 비오는 대로 좋아
25호제

짙은 안개 자욱이 하면 그 품속에
묻히듯 안겨 一心에 지돈자
로 禪독 즐긴다 25호제

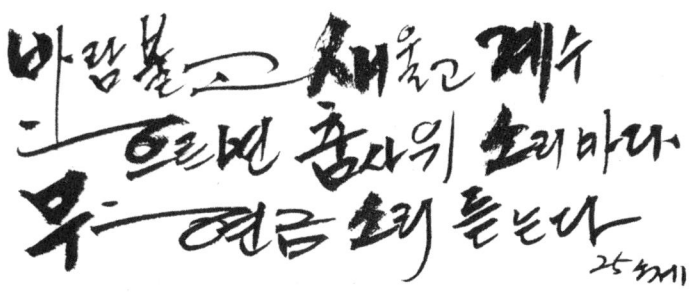

바람불ㅅ ... 새울고 계수
흐르면 춤사위 소리마다
무ㅡ 연금 소리 듣는다
25세기

죽고 사는것 쯤 바람결에 날
린지 오래 날마다 아침으
면 세상 연않다 마음끔 추고
25세기

점보이라 장 들면 내날이
오 거나 말 거나
기다려 오언있는 잠 든다
25세기

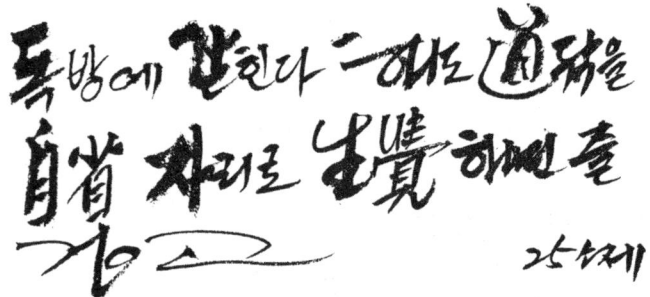

삶속에 일어 나는 하고많은
일들 ~ 니 한 울틀이 제각
~ 저국을 오고 가는 것

옳다 ~ 했던 일도 지나고
보면 그릇된 일 많고 오늘
실수가 내일 복된 일도 있더라

마음 ~ 하나 느그러 내려
놓고 ~ 세상이치 따라 사
는게 지혜롭게 사는거 드라

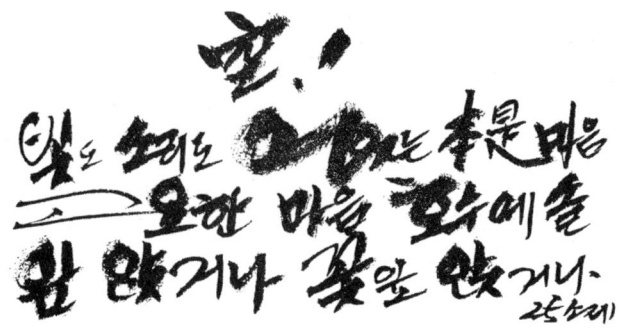

空
빛도 소리도 ○ ○는 本是 마음
오직 마음 호수에 속
밤 낚거나 꽃을 낚거나
김충제

오직 淸山에 淸風도
淸天에 白雲 한점도 걸림
○ 없이 떠가네
김충제

生涯을 편안 하게 살지말고
고 ○ 비롭게 살자
김충제

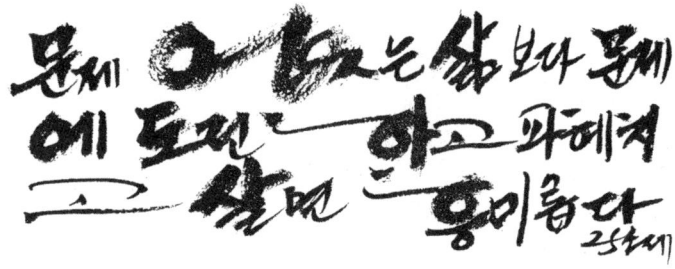

문제 ○ ─ 는 삶 보다 문제
에 도전 ─ 하고 파헤쳐
그 ─ 살면 흥미롭다
25년째

─ 행복도 반복되면 ─행복인줄
모른다 암 되는 일도 반복하고
─ ─ 하면 길이 보이고
25년째

그 ─ 곳에 주저앉아 ─한생
을 마치기 에는 세상은 너무
넓고 ─ 신비한 세상 25년째

193

어제의 生覺을 깨우고 오늘
새로 개척=하는 거야 이멋진
무대 에서 생을 마칠때 까지
                              2ち.よ제

인구 증가는 위회가 아니라
변식 증가에 홍끄는 사람의
자품이 더 기우는 自己 최면이다
                              2ち게

마음이 나를 이끄는 것이 아
니라 나의 가치관 이
나를 인도=하는 것이다
                              2ち게

生命은 언제나 현재형
어제에 집착 말고 내일에
죽지 말고 오늘에 충실하라
고난헤제

半은 오늘 뿐
오늘의 연속이다 오늘
淸風에 숨쉰다
고난헤제

오늘이 = = ⊖ = 다
과거, 현재, 미래는 줄달아
현재의 연속이다
고난헤제

오늘도 天動說에 갇혀 허튼 생각에 매이며 허망한 꿈이 된다
25체제

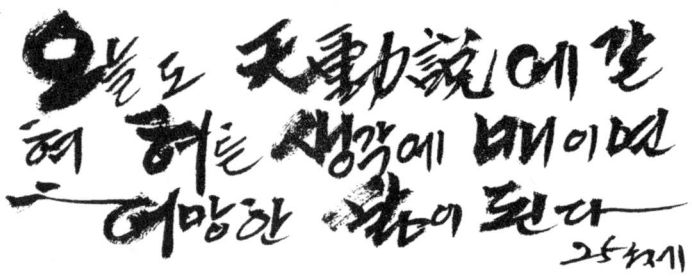

무거영화도 엔상 준몽 한 잠인데 욕망에 갇혀 면 自由는 α 없다
25체제

한세상 달려온길 그여승 했다 한탄하리 오늘 아름다워야 한생이 아름답다
25체제

향기!
한세상 잘 살아 왔으니 다시
고달진 않겠지만 위로
제각 꽃 핀다면야... 고동세

꽃이 예뻐서 한생불도
아니 다법시 와서 말
하는 것도 아니야 고동세

나를 부르는 것은 가슴에
여있는 향기에 빠지길
멀다 않고 달려오네 한기야
고동세

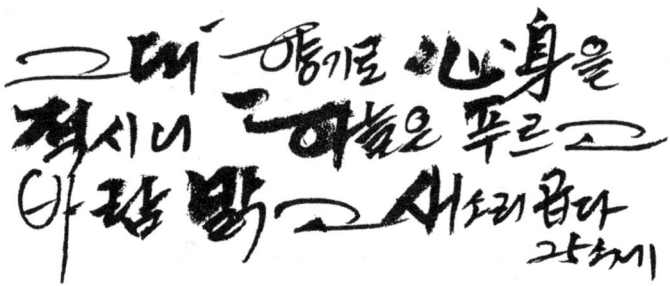

맑은 향기로 心身을 적시니 하늘은 푸르고 아침 밝은 새소리 곱다
강호제

깨달음은 뭔가를 파악하는것이고 앎과 지식은 기억하 있는 것이다
강호제

관념이 변해야 행동이 변하고 가치관이 바뀌면 삶이 바꿘다
강호제

과거와 미래는 언제나
현재의 산물이다
25행시

상그러운 山과 산새들이 차처럼
이 하늘에 올라는 환희의
빛사로 이곳 저곳이 요란해
25행시

푸른안개 아련한 숲속 에미속
마음 콕콕 찍어박는 예꾹새
울음에 독톡 쳤레 꽃 지고
25행시

위 노래로 춤추는 陽春으로 山
山굽굽에 회령시키고 푸른
성장관 달아 소임 끝낸 유월
　　　　　　　　　　고순제

갈원로 넘어가는 볼 비가
내린다 첫 떼고 떠나는
에미의 눈물 어런一가
　　　　　　　　　　고순제

갈원의 볼볕속으로 내밀어놓은
철부지 아들 성장통 아픔을
익히 알기에 에미 눈물이 내린다
　　　　　　　　　　고순제

어디서 어디로 가는지 몰라도
흘러가는 것에 순응
해야 함을 알기에
25수제

득도 선사의 임종 말이 향같이
오하고 평화로운 이별
내게 라는 길에 온실비 버린다
25수제

야생화,
산에 피는 작은꽃 저 홀로 피다
지다 외로움도 그 속도 초월한
神仙花 피고 지는
25수제

와주는 눈길 ─ 없고 곱게 쓰다듬
─ 없어도 자태 흐트러짐 하나
─ 없는 외로운 山길 작은 꽃
                                그득하게

그을로 스러져 가는 길에 유월
꽃 지 ─ ─ 안개속 저멀리
물로우는 山새 소리
                                강하게

떼도
줘리 ─ 에 새벽하다 내려진길
이 제는 내려져서 본래로
회복 하고 있는 길
                                그윽하게

이웃이 아니래도 날아와 살고
너와 내가 닮아도 들어와
오손도손 사는 길 21세

벌나비도 숲□ 개미들도
숲□ 山 새도 둥지 틀어
텃새가 되어 사는 길 24세

淸風이 휘늘□ 산새가 둥
지 틀□ 연연 따라 찾아들어
누구나 노래□ 할수 있으기
25세

버려져서 그 행복한 길
인간 이기心을 지워가며
본래로 돌아 가고 있다
　　　　　25노제

自然은 그대로 둬서
아름답다 숭고높은 自由의
　　　　　山
　　　　　　25노제

春山春
찔레꽃 지는 山속에 까투리
찾는 장께의 노래 울부리듯
山 陽春이 물씬 거려
　　　　　25노제

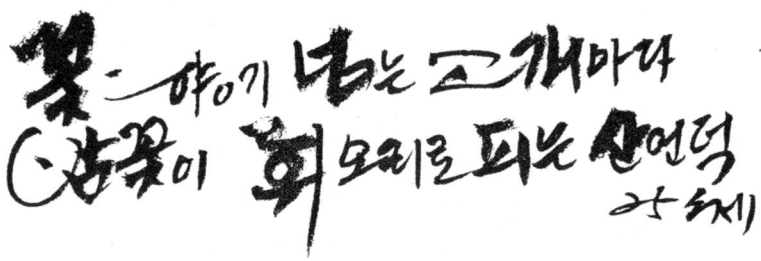

꽃~ 얘기 넘는 고개마다
산꽃이 회 모리로 피는 산언덕
25 6세

두견새야 울던 맺던 나뭇잎은
멋 대로 덩굴그그 꽃바구니
술틈없 엉켜져서 몽롱하다
25 6세

봄비~ 내리면 꽃피어
나고 가을비 내리면
丹楓 듭니다
25. 5. 6
6세

205

꽃동산이 아름다운 건 모두가
비교 사랑 어쩜이 自己
꽃을 피워 올리기 때문이다
2549세

연과승 !
풀잎은 바람이 불기 전 눕지 않
고 바람 잦으면
고 오하다 2549세

반土은 본래 고 오하나열
기와 인과속 長江의 갈기
가늘은 무생 한 法性들
2549세

철기 따라 되고 지는 萬象 땅
의 인과들 종종한 法그들
즉 피고 지는 꽃송이들
　　　　　　　　25세

나고 살고 죽는것이 自然스
런일 젊다 자랑 할것 없고
늙었다 한탄 할것 없다
　　　　　　　　25세

바람불고 구름피고 지는일은
지극히 自然스런일 돌벌레
노래하고 산새 지저귀는일
　　　　　　　　25세

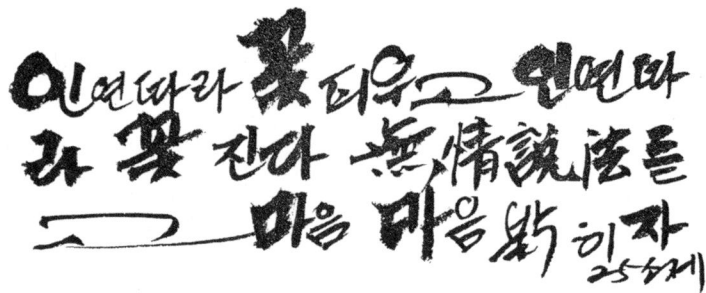

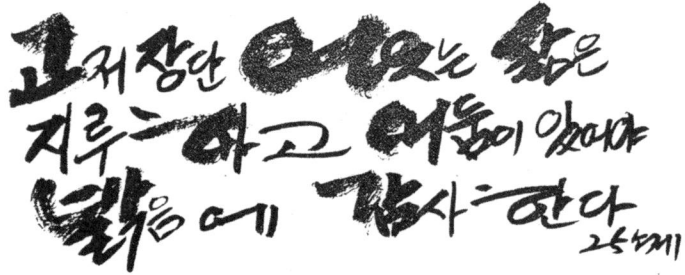

불행 해봐야 다행에 감
사드하고 삶이 힘들어
야 유식이 달콤하다
근성제

반복된 휴식은 유식이아
니다 후련 후에 먹는밥
이라야 진짜 일미 이지
근성제

삶이 귀한건 죽음이 있기
때문 인거지 죽음어없는
삶이란 生物도 싫어
근성제

짧지도 길지도 않는 우리네
삶 살아보니 순간의 연속인
삶 인생의 삶도 하루삶이다
　　　　　　　　　그냥제

태풍 마식 !
자 창 닭이가 가지 말라고
사납게 손을 가로 쳐어도
나는야 간다 태풍 속으로
　　　　　　　　　그냥제

꿈 끝에 우리와 같은 장엄한
물줄기 山들은 안개에 숨
　　　　　운무 자욱一해
　　　　　　　　　그냥제

용트림 하는 계수 소리만 이
송 아린듯 꺼성지르고 허겨운
츠목을 허리굽혀 몽화침친다
　　　　　　　　　2남제

山界로 닫는 길은 조리의 길
서만 통용되는 길 뵈거영화
현세 그럭 그림자도 없는길
　　　　　　　　　2남제

리선의자락 설정다 걷우는
연기무렁밥 진배만 온
몸으로 설타 하는길
　　　　　　　　　2남제

인연 따라 피어나는 안개무
의춤 묘상법 가락 따라
너울 거린다　간게

골 골에 용트림 치는 휘모리
장단 팔만 장경이 무색할
너 밀는 한 진배을 본다　간게

노년의 詩(시)
세상 올때 혼자 오고 떠날
때도 혼자 간다　간게

人生은 외로운 길 늙으면 누구나
홀로 되는 길 그 앞에 어릿어
외로움 고독 한나절
25년제

왕혼녁 老時에는 누구나
혼자서도 행복을 비장의
무기 하나쯤은 품어야 한다
25년제

마음이 충만 하면
홀로서도 외롭지 않아
25년제

213

나는 오늘도 淸風따라 춤추는 들꽃 찾아 ～ 늘건 오솔길
꽃노래 부르며 찾아 들었다
그날에)

무의사 !
어릴때 사람이 죽으면 황천간다 들었어 자라면서 교회
가면 사랑은 윤회가 없어
그날에)

예수만고 회개를 하면
지옥 가거나 천국 간다
했어
그날에)

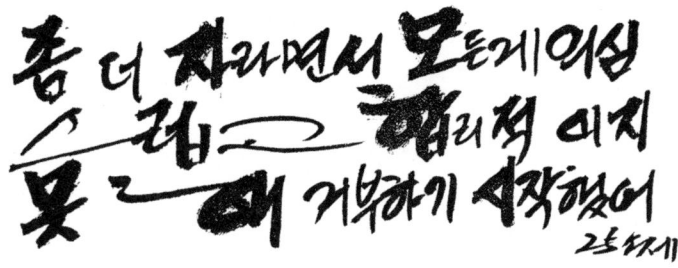

좀 더 자라면서 모든게 의심
스러 합리적 의지
못 해 거부하기 시작했어
　　　　　　　　　　김종제

숙명을 운명으로 바꿔야 했어
내가 뭘 잘못 했다고
원죄 가 어딨어　　　김종제

내가 그 지독한 빈곤 과
그 고난속에 태어나면서 숙명
이라 낙인 되면서　　　김종제

나는 거부 : 했어 내가 원
: 하는것도 선택 : 한것도
아닌데 나에게 주는거야
그는에게

: 하늘이 준거라도 나는거부
: 하겠어 이제부터 내운명
내가 : 개척 : 한다 그는에게

사후?! 검증되지 않은 물려 받은
의식으로 너도나도 천국, 지옥,
말 하는데 나는 거부 하겠어
그는에게

生前이 두렵지 않았으니
死後도 두렵지 않아

나의 生前이 무였으니
死後도 무다

봄!
장마비 명춘 도토리 다람쥐 깊
어둔들 초록 아니라 눅진한
기운이 뼈길에 쌓여 있다

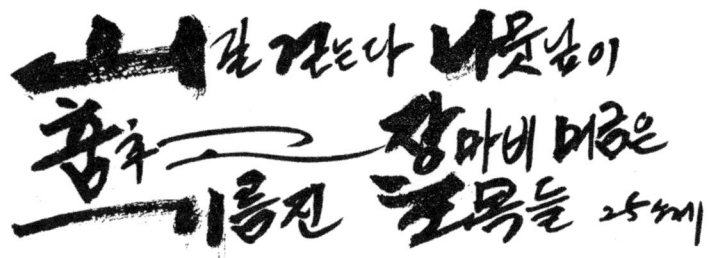

엉겅퀴 꽃술위에 나비
한마리 날개옷이 안개
비에 젖어도 아랑곳 없었다
25세

사물의 존재를 마음 눈으로 보면
질서가 있고 法이 있고 모두는
오직 一法 따라 흐른다
25세

法場의 한계 한치도 벗어
날수 어있다 솔에 어있는
망상으로 自身을 옭 매지 마라
　　　　　　　　25게

自然의 질서 강안따라
춤 추는것 ─── 것이
참 사는것 아니 겠는가
　　　　　　　　24게

아직은 二 실었는 대이론 길가
에 丹楓친 ㄴ 그란 앞들
풀더히 누위 있는 길
　　　　　　　　25게

믿음!

죽음 뒤에 올것을 겁들 내지만
나는야 무엇도 겁나지 않아
근혜씨

사후는 내가 오기전 상태로 돌아가고
아무것도 ～ ～ 아무것
도 모르는 時間으로 간다
근혜씨

그래서 지금이 소중하고
현재를 강렬히 느끼며
즐겁게 살다 가야해
근혜씨

거 장!

안개로이 쌔묵쌔묵 걷는데
세월은 속털 오 ㅂ 이 빨
리만 달려 가누나
25회제

언제 불던 바람 오늘은 보임
오ㅅ ㅁ 어디서 오는지
가을소리 답제오 네
25회제

바위 올린 놉은음 풀숲에 서들
려 오 면 허치이 네
재앙이 어음으로 따라 울고
25회제

221

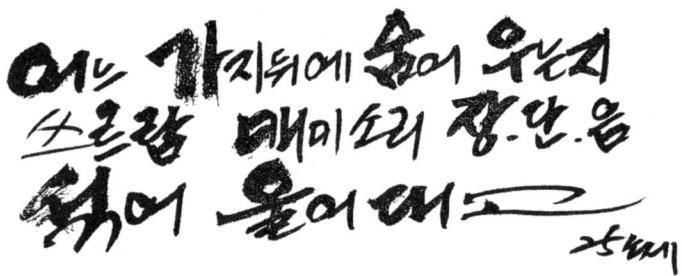

어느 가지 위에 숨어 우는지
쓰르람 매미소리 장.단.음
엮어 울어대고
　　　　　　　　　　　고 쉬제

장엄한 숲속 풀벌레 연주에
이른 丹楓잎 하나 울며 내리네
　　　　　　　　　　　고 쉬제

三伏
봄이면 꽃 피어 나고 여름
먹구름 뜨거운 볕 이
세상 그 대로가 은총이며
　　　　　　　　　　　고 쉬제

장마비에 땅은 보들 초록은
색이 그 와 나의
더위 에는 관심이 없다
二玄체

여름이 무덥고 뜨거워야 오곡이
자 오른 그 百果는 살쳐
오른 다 그대로가 다 복이니
二玄체

세 상에 대하여 감사
해야 할 이유 아닌가
二玄체

나!,
세상에는 오직 自己 홀로가 존귀한
존재다 내가 떠나는 날
나에게는 세상은 없다
25술제

自己는 自己로 존재는 하나 꽃, 물이
있어야 꽃이 되듯 모두 꽃, 흙,
물, 햇살은 공존하는 自己들이다
25술제

타인의 빛으로 自身을 비출수 없고
나의 빛으로 타인을 밝힐수 없다
서로가 상생 — 共生이다
25술제

존재의 생성소멸을 인자하고
좋의 인과도 樂의 인과도
오직 眞이 한뿐이다
근당제

自然의 질서에서 지혜찾고
연기의 질서따라 行動
하여 이고 등락 하자
근당제

고봉산 정자
끈적함도 가쁜숨도 딱딱함도
천자품에 올랐다
가슴에 안겨오는 산들바람
근당제

225

바다 솟고 산 솟고 하늘에서
한바퀴 제비 돌기 넘고온
이 淸風을   고두제

땅 흘러 어릇이 어이 멋보리
이 청량한 新風을 홀로
품기에는 너무 아까워   고두제

한 자락 툭! 베어다가
천리 먼 벗님께 보내고저
하나 그저 마음 뿐이네   고두제

안 개 !

바람타고 가는 안개는 솔잎
에 쳐 놓은 거미줄에 걸리고
                              이숙례

그물에 걸린 안개는 銀河가
되어 自由로 나는 것을 포기
    하여야 한당고
                              이숙례

바람은 거미줄에 걸린 안
개 두고 뒤 돌아보지 않
고 흘러 갔다 이숙례

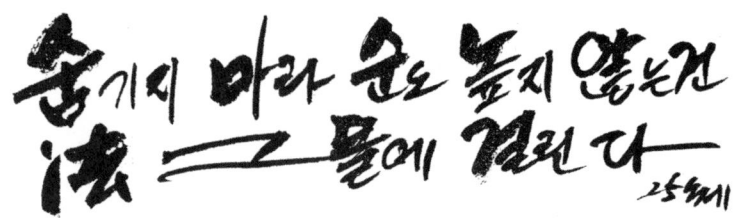

숨기지 마라 순도 놓지 않는건
法 — 물에 걸린다

自己 운명은 自己 삶의 해석이며
해석이 가는 삶은
키 이 가는 배와 같다

得意 !
꿈만을 다 채워야 할 이유가
없지 명예를 얻는다
해도 어깨비 같은 물거품

아직 남아 있는 붉은 석양에
가을국화 고운 향기라도
바라 보 고싶어
　　　　　　　2504제

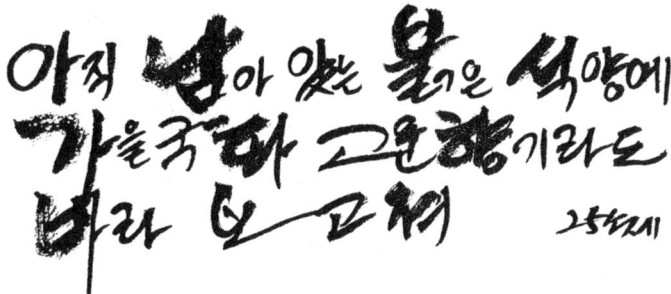

의 텃밭 한썸 러 두고
뒷짐지 　　　느끼
가을　　하늘 즐기는데
　　　　　　2504제

가고오는 口說에 오르 내리는
말 꺼리가 되어봐도 淸山자
락 가로나는 위수한 백노
　　　　　　2504제

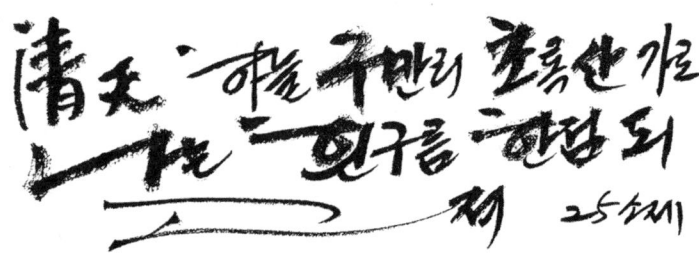

淸天 하늘 구만리 초록선 가로
나는 흰구름 한덩 되
저 25소재

나는 말 어디는 靑山
벗삼아 홀로 반추하노라
25소재

默言!
언덕 비탈길 걷는다 오가는사람
오 없는길 한마디 말
없이 긴 時間을로 걷는다
25소재

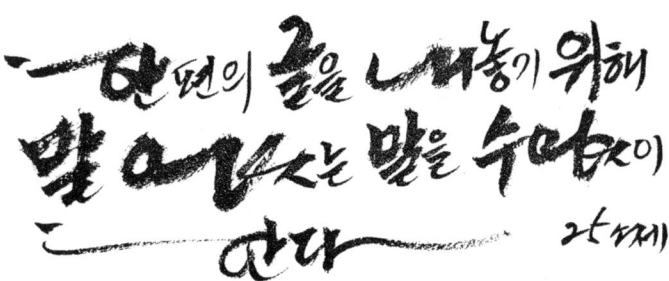

一 한 편의 글을 내놓기 위해
말 아낳는 말을 수없이
산다
                              과제

여름!
淸又 외줌 그림자는 푸른들
솔 하늘 향해 우뚝선
미루나무 늘 속   과제

적막한 여름산속에 하오를 깨는
여름 蟬客 정時
길 銀빛 선 긋는다
                              과제

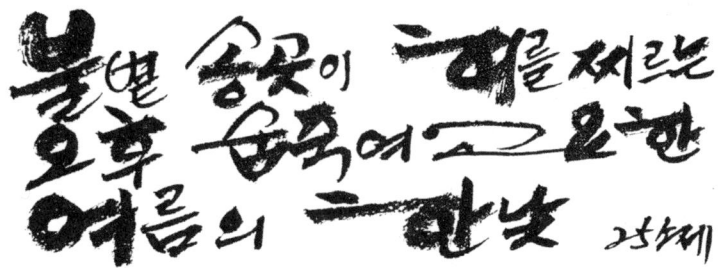

불볕 송곳이 해를 찌르는
오후 숨막혀 오막한
여름의 한낮

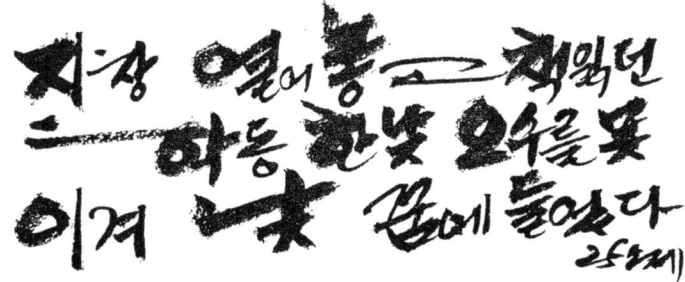

지상 열어놓고 책읽던
하등 한낮 오수를 못
이겨 낮 꿈에 들었다

無說詩!
진리는 言筆로 말로할수 없으고
삼라만상은 설법 없이이럼
한다

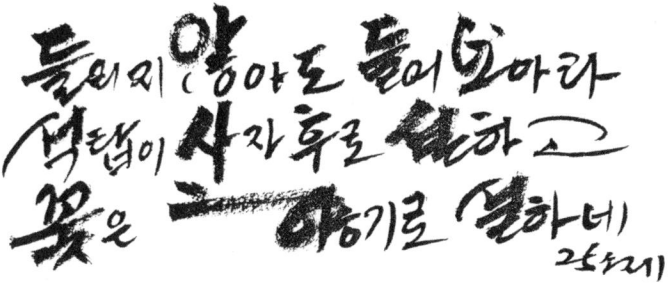

들리지 않아도 들어 보아라
벽탑이 사자후로 설하고
꽃은 一 향기로 설하네
　　　　　경허제

마음은 항상 妙法 설하는데
어디서 法을 얻
누구에게 法을 구하랴
　　　　　경허제

무정설법 가득한 낙원에
살면서 눈감고 귀막고
한세상 살아 가나니
　　　　　경허제

내가 서있는 이자리에서
無說說하니 無聞聞하면
一한생 살아가 낙원이 되리
2술제

세월!
풀숲에 벌써 가을을 염려하는
여치 귀뚜리 배쟁이의 서글픈
노래가 철선 지럼 들린다
2술제

짖었으므 가는날 풀벌레는 벌써
가을을 슬퍼 하고 어제는
이른 丹楓은 하나 저더라
2술제

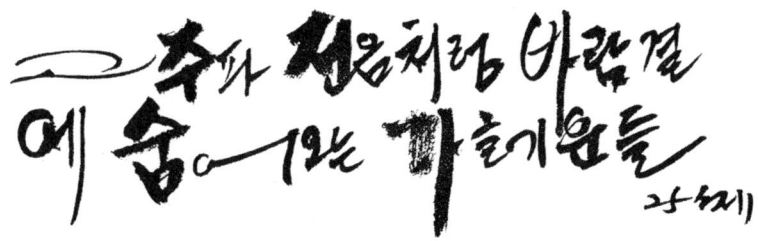

추파 처음처럼 바람결
에 숨어 피었는 까치꽃들
고은제

옛 선인들의 노래가 어디 헛말
이겠는가 아! 그 한세상
삶이 봄날 꿈속 같으니
고은제

나도 어째는 青春 였는데
단장을 깨 나니 해는
기울어 오늘은 황혼이구나
고은제

행복과 불행은
애석에서 가름된다
칸트제

예술가는 감성을 표현해 보임으
로 희열 느끼고 학자는 새 학문을
알아 가면서 포만감 느낀다
칸트제

사람은 빵으로만 살수 없다
정신이 배불러야 희열
느낀다
칸트제

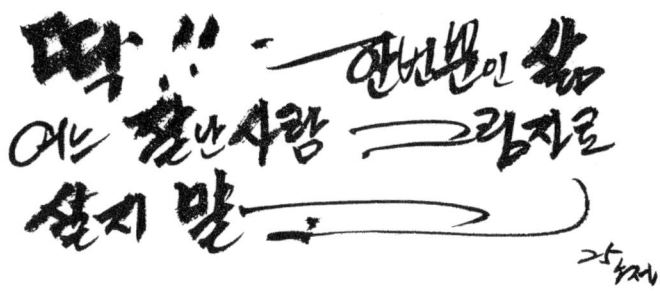

自身의 그 림자 를
꽃 그림 자로 만들자

내 마음 흐르네로 살아
누구도 닮지 않는 오직
만리 나로

지금 까지 멋낸 것들 멀고
오직 自身의 색을 멀어라
25년제

삶을 !
삶은 순직간에 지나간다 허투로
살기에는 너무나 아까운 삶이야
25년제

= 홀로 삶을 두레 위 밟고
自身의 一生을 걸어가자
25년제

人生이 윤회 하는것 아니라
삶의 습관이 윤회 하여라
　　　　　　　　2드승제

佛法！

불법이 무엇 인가요? 날 저물
어 가는길 밟아래 곧 살
피 며 ㄴ 내려 가거라
　　　　　　　　2드승제

그자가 그하산 하는 등뒤로
노을이 붉어 ～ 바종이 울어
돌아 가는길 佛에 준다
　　　　　　　　2드승제

네롱꽃!

엄마~징허게 빨갛네 뭐
한다고 산복 뛰악 밭에
펴서 저리 고상 헌다 나
　　　　　　　　강태제

아야!' 위째야 으꼬나 쩌한
다 제도 티나가꼬 저래산다
뜨건 날에 위째 헌단다나
　　　　　　　　강태제

가서 봉다다 봐라 이뻰 나
빠닥이 꼬시락지가 디앙부
렸다 이 짠헌거
　　　　　　　　강태제

感覺!
이상 전을 불임문다 문자나 언
어로 전할수 없는것이 있다
254쪽

말로 진 하려고 아랫뜻
한마디 하는순간 뜻은 멀
어지고 진리는 멀어진다
255쪽

感覺언어로 제행수 봐야
않는 데 감각 언어를 않아
들을수 있는 것은
256쪽

마음을 ──── 오이 내려 앉히고
생색이 극점에 달할때
염화미소로 소통이 될것이다
그루터기

靜心 ─ 하고 깊은 통찰할때
생각은 예리 ─── 해지고
눈은 밝아 지리 그루터기

──── 그때 感情 언어를
들을 수 없을 것이다
그루터기

惺惺寂寂!

나즈막히 뜨는 눈에 한맛의
時間이 멈춰 있네 광대나
코끼리 몸무게 관계 없어 인
그렇게

죽음의 무게는 다름나 없다
들소가 풀을 뜯거나 사자가 들소
잡거나 옳고 그름 없다
그렇게

대충도 따로 없다 짐작
이나 놓거나 둘이 아니다
오직 내 마음 상태 원한
그렇게

243

오르막길 내리막이 하나
이기에 나눌수 없었고
　　　　　　　　　　고독애제

나고 죽는 生死도
하나이기에 나눌수 없었다
　　　　　　　　　　고독애제

황혼!

지는 황혼이 붉은 것은 수수억만년
지는 해가 아쉬워 울던
　　리움에 붉은 눈사물 이던가
　　　　　　　　　　고독애제

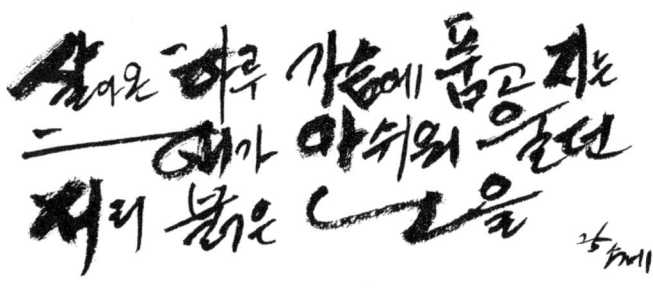

살아온 하루 가슴에 품고 지는
그 해가 아쉬워 울던
저리 붉은 노을

참 살아온 하루 찬란한 꿈으로
다 멋진 춤으로 휘날레를
장식 그 끝에서지

열심히고 치열하고 제한된 굴레
벗어난 그 황혼녘에 이보다 멋
진 그 애탈이 있겠는가

어둠이 흙이불 처럼 덮여올때
악몽도 단꿈도 이엉자는 극락에
들기전 환송의 노을들
                              강순례

날래 하고 춤추자 너무도
멋진 지구에는 형 하루
없이 없느나
                              강순례

처선!
견우직녀 눈물비 내리는날
척척 한 길 걷는다
                              강순례

눈물 비도 ~~ 내리고
단풍진 잎도 떨어지고
　　　　　　　　　　고은제

차거운 눈물인지 바람도 써
늘 ~ 해 가을을 알맞게
만나 본다
　　　　　　　　　　고은제

혹독에 앉아 人 嗚 세상 바라
보니 사랑도 미움도 어음는
　　　고흔 세상 인데
　　　　　　　　　　고은제

밤안 어 안개에 묻힌 세바
세계가 소오한 정묵속에
잠든듯 움직임 없었네
　　　　　　간수제

그집석 눈물비 속에 애끓허우는
매미 소리 어제와는 다르게
오늘은 경계명조로 들려온다
　　　　　　간수제

정자품 파고드는 한줄기
바람에 온몸이 서늘구해
아! 가을인가 흠칫 놀랐네
　　　　　　간수제

야추경 !

바람은 푸서늬히 마르고 가늘어져
산몸은 성글어서 속살 보인다
관재

어느덧 푸르던 잎들 떠
리에 영혼이 늘어
가을을 부르고 있다
관재

떠날 그 채비 하나 보다 시름
시름 지는 잎들 떠나는 꿈
사위가 애처롭다
관재

날마다 오는 내얼굴도 어
느날 훔쳐 낮 섰다 푸석한
얼굴에 ... 그림자
그는즈제

여름을 좇아 내밋 밀어 내
오는 가을 여름 옷자락
이 가는 눈물에 젖는다
그는즈제

山 벚꽃!

어느봄 남풍따라 쥐 백구리 산까
치 뼛속 가마에 태워산넘어
멀리 시집 보내진 산벚꽃
그는즈제

권정소식 어땄고 때려울수
있어 능네미 너머 어디쯤
친정엄마 계실듯 그대도
　　　　　　　　근체

숙명으로 다시는 외울수 있어
놀이며 여름 께마 엎고
울부짖듯 그 나에나
　　　　　　　　근체

한 맺으로 눈부신 울음으로 울다
친정 뜨락에 영혼처럼 살프시
꽃잎으로 내려 앉아
　　　　　　　　근체

그늘진 얼굴로 설익은 꽃잎 같은
딸자식 낯선땅 내보낸 안쓰럼
에 얼마나 애 태우셨을까
            그늘에

엄마품에 무덤처럼 꼭 안겨
한어엿이 한어엿이 울고 싶
은데 울밤도 가슴 메이게 피어나
            그늘에

이산 저산 옴이 오면 엄마 엄마
진정엄마 그리운 품고 설움으
로 눈물 짓는 山 벚꽃
            그늘에

生時!

살아 있음이 낙원이다 생이다해
한생이 끝나면 적요속
꿈 없는 잠에 든다
2505세

기다림 없이 태어 났고
기다림 없이 늙음만나
오묘 욕망도 없는
2505세

지구 한그으로 환원되어 갈
터이니 기다리지 않아도 모두
가 찾아오는 축복들이다
2505세

넌 바다 낙원에서 사는 것도 좋고
어제도 좋았고 오늘도 좋고
내일도 어떻게든 참 좋겠지
25세

고독은 외로움이 아니라고
독할 때 自身을 진화시키고 하고
싶은 일 하며 사색도 하는 거야
25세

다수가 옳다고 해도 꼭 옳은건
아냐 지금도 코페르니쿠스 적 전환을
위ㄴ 해선 홀로 우뚝 서라
25세

홀로서도 충만 그 외로움에 고독
속에서 빛나는 위대한 선
구자들 그 ─ 다함 25세

가을날!

봄 맨화 여름날 녹음 앙코 꽃향
기 그 ─ 흘 뿌려 날리는 장마비속
끝추는 안개비 26세

무른 가ㄹ그하늘 실바람에
ㄴ흘리는 꽃月水氣를
25세

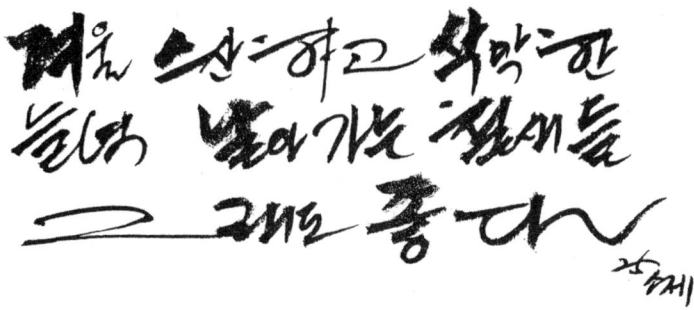

더욱 스산하고 삭막한
늪에서 날아가는 철새들
그래도 좋다

나는 참 自由로운가 나를
묶어 스스로 가두지는 않는지
나는 나를 바라본다

나는 얽음을 원하지 않는다
오직 나홀로 내가 원하는
고지에 우뚝 서기를 바란다

나의 나 ,

나는 누구 인가 나는 나에게
물으며 나의 自身을 찾아본다
2도형제

나는 나의 행위에 바른
가치관을 세우고 행하는
나의 의지가 나의 정체며
2도형제

나의 가치관이 나를 이끌며
행동케 하는 것이다
2도형제

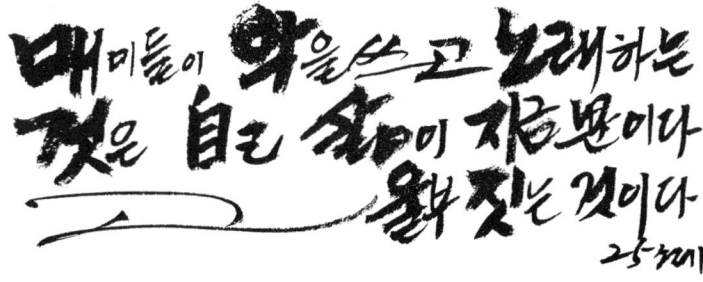

내가 이 행복중에 山 길을 오르는
것은 나의 의지가 서 있기 때문
이며 내가 원하기 때문이다
　　　　　　　　　　2부제

푸른 하늘과 장 푸른 손아
무심...이 떠가는 흰구름 함께
　　　채워 찾아 걷는다
　　　　　　　　　　2부제

무더운 여름도 내 살아 있는 소중
　한 계절 아깝 그 그
리워 가슴에 품으며 걷는다
　　　　　　　　　　2부제

가을 마중 !

왕송할까 환영을 할까 여름꽃 지는 길에 가을꽃 피어난다
그루제

방울이 맺히나 맺더니 벌써 옛밤의 앙불이 붉다
그루제

봄인 듯 여름 가고 여름인 듯 가을이 오네 회대에 걸린 세월 돌며 돌고 돌며 돈다
그루제

자진듯 하는 매미의 울음
망개는 붉고 그 丹楓 은듯
다 나도 따라 흘러 간다
25세제

낙葉하면 흐른다는 것은 고귀한
것 ㅡ 정원 전 박제된것
흐르는것이 환희요 천리복이다
25세제

나 또한 落葉(낙엽) 되어 지그나면
집 자리 새뤈 돌아 또 다시
싱 그런 푸른 淸山 이루리니
25세제

둘 계절이 교차된 山길 걸으며
강에 교차함은
깊은 상념에 잠기게 한다
강희제

얼마나 살았느냐 보다 어
떻게 살아 왔느냐가 중
요하다
강희제

알고 있는 지식이 얼마나 많으냐
보다 그 앎을 얼마나 실행
했느냐가 중요하다
강희제

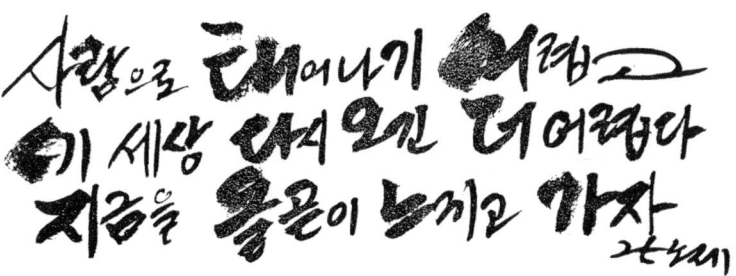

사람으로 태어나기 어렵고
이 세상 다시 오긴 더 어렵다
지금을 올곧이 느끼고 가자
　　　　　　　　　　　　　二春수제

꿈은 책에서 바탕이 되면
현장에서 검증하라
　　　　　　　　二春수제

지혜는 바른 마음 속에 씨가
앓고 실행 속에 자란다
　　　　　　　　二春수제

행복은 긍정의 문으로 들어
오고 불평의 문으로 나간다
그수제

생활은 이웃을 해하거나
불편주는 일 삼가며
네멋대로 산다
그수제

삶이란!
순간의 연속이다
그수제

마음은 法과 순리따라 봉수
않아 살며 마음이 편안하
다
　　　　　　　　간호제)

돈 !
땀 값으로 버는 돈은 값진
돈이며 수고 않이 얻은 공돈
은 　 재앙이 된다 ── 간호제)

약속은 사회의 신경이며 혈
관이다 약속은 반듯이 지켜라
　　　　　　　　간호제

時ㅣ間은 ─ 한정된 재산이다
양 새도 시시 각각 줄어든다
알뜨리 써야 한다
간호세

죽음의 선그 창은 태어날때
밭 그 태어난다
죽음은 自然 스러움이다
간호세

生活은 바른 가치관 으로
양심의 질서 따라 바로시키는
대로 살라 ─────
간호세

일은 일 없이 사는 것은
가치 없이 죽는 것이다

空과 無 → !
無에는 연기가 없고
空에는 緣起가 있다

숲 품에 들다 !
잡목숲 ➔ 놓친 오솔길 걷는
방미수 노인 ➔ 홀로 걷는다
淸風(풍) 마시며 새처럼 놀으며

인적 없고 바람과 늦은
매미 소리 외어가는 산 열매들
숨은 그 해묵은 소로 따라
　　　　　　　　　　그늘재

가닥가 흐르는 땀 식혀 보려고
불어오는 바람결 숲속을
살펴 봅니다 —— 그늘재

땀은 젖어 척척 하고 앙칼진
손톱 바위 옆 인심좋은 사람
가슴 같은 바위에 앉아 봅니다
　　　　　　　　　　그늘재

늦은 달밤 시원으한 바람 산새
들의 카랑으한 노래소리 바람이
빗질하는 소리 홀로듣는 노인
                            같은제

마음이 한가로우니 높은 바위에
봄 앉아 여놓고 時에 있고
오래도록 ─ 오름 즐긴다
                            같은제

싸목 싸목!
명중에팔 跳 ─ 나니
모두가 自由다 自由가
무조건 좋은건 아니야
                            같은제

269

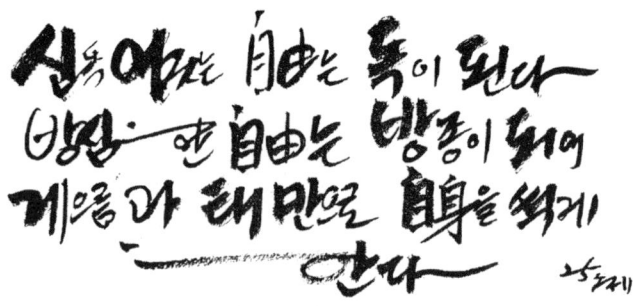

神의 선물 ^
팔월도 끝 풀잎 나뭇잎 끝에 홍조가
물들어 갈때 그 山을 온통다
햇살이 구름에 숨고 그늘 시원해
간사제

노염을 우습게 본건가 둥아 가득
겨드랑에 밀려드는 땅의 숨결
삼백 그 시에 바람 불겠지
간사제

희망 없으면 고난을 견딜수 없어
이 믿음에 몸은 혹 혀 대지만
바음은 편안케 않다
간사제

271

막바지 백사십 계단이 인내를
시험한다 종아리 허벅지의
반근육 모른체 하고 올라
그윽제

활구 품에 안겼다 심장까지 파고든
바람 이 상쾌함은 땀흘린 자
에게 내리는 天理의 보상이다
그윽제

구월이 오는소리 !
지는 팔월 그 향혼에 얼마 틈에
노을빛으로 물든 나뭇잎 하나
그윽제

바람도 어쩌는 하고 시실시실
내리는 丹楓잎 그의 이야기
들어 본다
　　　　　　　　　그스레

봄 눈 새싹시 쬠 파릇한 맘
으로 그행복 - 했 - 여름날
뙤약볕으로 등걸과 열매 키우는
재미로 　　　행복했다 그스레

모진 겨울바람 오기전 구철이 오는
지금 가벼운 마음으로 살어
온 丹楓 반쪽 이라도
　　　　　　　　　그스레

꽃비만 걸치고 내리는 마음
봄볕 같고 강바람 같아 함께
울고 웃던 여름따라 나르갑니다
간 세계

팔월 끝날!
벼랑 끝에 서서 뒤돌아 본다 봄날의
향기로운 태풍 장마 폭염 견뎌
온 날들은 나를 나로 살게했다
간 세계

마지막엔 결산 어엿이 많이
내린다 헛 살았거나 잘못
살았거나 상관은 없었다
간 세계

그날 그대 그대 가감없이
비리는 꽃잎 봄이더라
뜨거던 팔월 흰구름에 여름꽃
　　　　　　　　　　25세제

그리움 돌던 안개 숲 그늘에
매미소리 팔월 마지막 날 모두
가　　　　　　그리움 됐다
　　　　　　　　　　25세제

싱그런 삶이 !
홀로 걸어도 좋은건 사람이 아름
답고 꽃을 보라 흰구름 보라
휘몰아진 태바람도 행복이더라
　　　　　　　　　　25세제

275

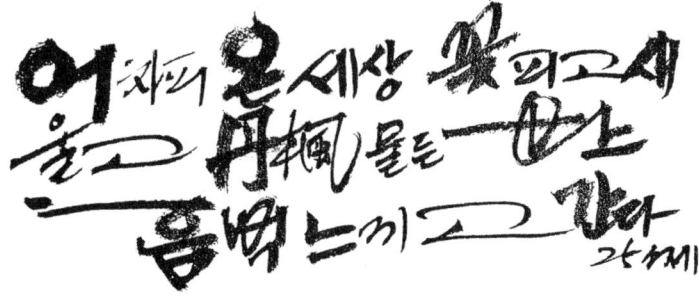

강함은 아름다움이 제압하고
아름다움은 부드러움이 제압하고
부드러움은 ～ 요가 제압한다
2능제

世上 萬物 모두가 如法하지
않는 건 ㅇ 없다 다만 그
열매가 다를 뿐이다～
2능제

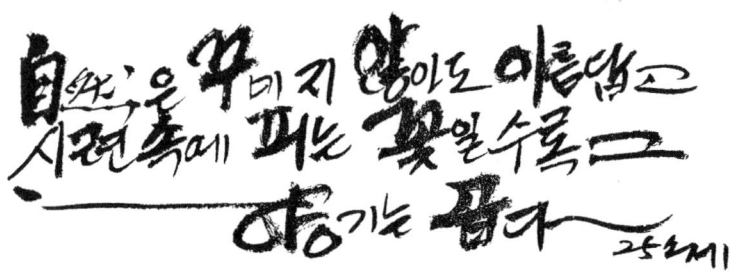

自然은 꾸미지 않아도 아름답고
시련 속에 피는 꽃일수록 그
향기는 곱다
25세제

사람은 自己식대로 마음속에 神
을 만들고 그것이 절대 神
이라 그 확신 아래 종으로 산다
25세제

마음이 지극히 고요해지면
천지의 소리가 마음밭에
내려 앉는다
25세제

時間

갈 수 없는 길 어디로 가느냐
나 면서 고꾸라져 뛰오온 時間
고 5치제

언제 바닥 넓지 않아 아았는
손다고 빨리 가는것도 않았
다고 않가는 것도 아니야
고5치제

잠고는 써걱과 줄어듣
모양도 그러져도 어았이
잠도 가는 生命의 時間은
고5치제

게을러도 가고 우지런 해도
가는것 즐기며 일하고
감사하며 살아가야해
간세

철따라 몸바꿔 예쁜모습
보여주며 날마다 기량 절약
비록도 순비 하게 봐뒀다
간세

한됫박 세워줘 놓고
나불라차 깨물린 너
한마디 툭 내뱉는 말
간세

앉았으면 앉으리 잘
가거라
255세

홀로 걸으며 !
저벅 저벅 내 발걸음소리
눈길은 의문과 느낌표 찾아
쉼 ○ ─ ○ 이 살펴 ─
255세

발걸음은 ○ ○ ○ 이 따라
걷는다 가다 멈추고 멈추다
가는 별일 ○ ○ 사람 이
255세

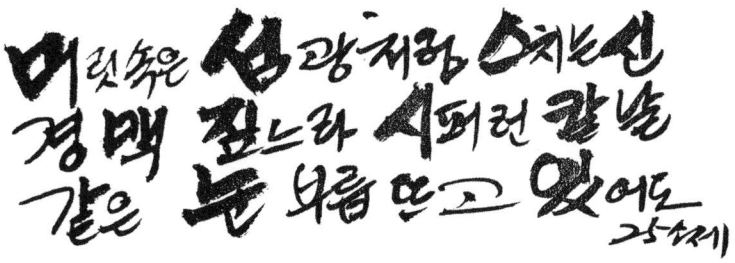

머릿속은 섬광처럼 스치는선
정맥 짚느라 시퍼런 칼날
같은 눈 외롭 뜨고 있어도
　　　　　　　　　　강영제

허공에 던져졌으 투명 낚시
에　허공의 소리라도 낚으
려는 낚시는 희망해 강영제

노방들에 ...했수고 ...하는건
아닐까 태산을 옮기려는
우노인의 심정으로 간는다
　　　　　　　　　　강영제

산다는 것!

산다는 것이 OHI에이다 끝나는
힘의 가 보다 짧 산다는 말 한
마디도 바로 알지 못해
                              고능제

나 참판 없는 헛도는 삶
아 닌가 마음 공부 한다고
마음 잡아 보건만 잡을수록
                              고능제

베돌린 망아지 마냥처
방 지축 우왕좌왕하다가
서 산에 해만 기우네
                              고능제

해지는 어느날 한방울은
물이 빛나고 옣이던
글이 오늘 그처럼 보이는데
그동호개

연주은 끝나고 무대 조명은
꺼지고 ～～ 관객은 떠났다
그동호개

蟬公 선공!
달마는 서울에서 구년 면벽 끝
에 득도 하였다 ～～
그동호개

283

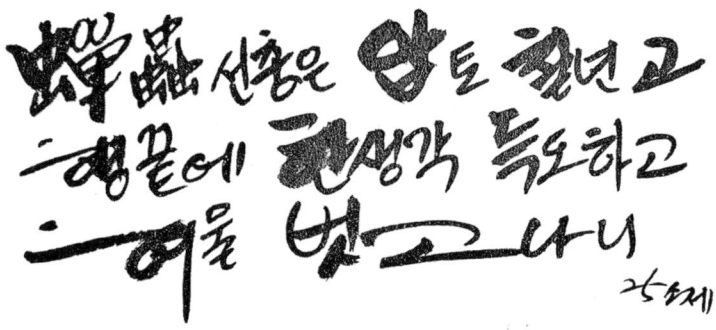

蟬蟲 선충은 앙토 궬년고
二행끝에 한생각 득도하고
二여울 벗고 나니
                              2ㅎㅅ제

견드랭에 날개돋고 天地
나는 大 自由 얻은 도력
어찌 닳마만 花 오랴
                              2ㅎㅅ제

道力으로 己을 닳면 어느쪽
으로 가울까 선사는 하늘 보고
이들을 상직 숨고
                              2ㅎㅅ제

一法 설로 일대사 삼았으니
밭매다 땀 흘리는 중생 시원한
약갈로 설법하고
　　　　　　　　　　　　2능개

응변 설법이 계제 어긋남이
없었고 나무 위에 法
상 자려 있음을 설법하고
　　　　　　　　　　　　2능개

說法하다 설법하다
확탈로 열반든다
　　　　　　　　　　　　2능개

285

幸과 道

그 행복을 아는것도 道를 깨치는
것과 같다 먹고자고 일
하며 즐기는 것이 道行인데
　　　　그흥제

그것을 앓지못그에 스스로 중생
이라고 한다 自然의 질서따라
인과法 따라 살면 道人이다
　　　　그흥제

幸福은 한 상황에 서도
그것을 해내닮지 못하
기에 못느행하다
　　　　그흥제

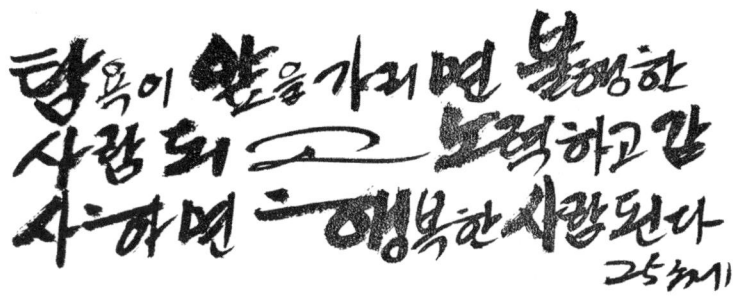

탐욕이 앞을 가리면 불행한
사람되 노력하고 감
사하면 그 행복한 사람된다
김소제

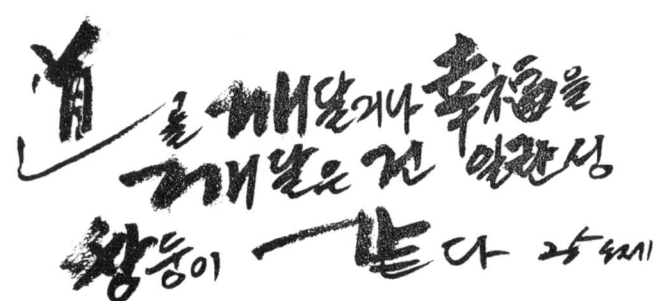

道를 깨닫거나 幸福을
깨닫은 건 인간성
향상이 一는다 김소제

生애은 어렵지 않다 올바르게
살면 된다 그릇된 삶에는
힘들고 어려운 것 이다
김소제

부정은 목숨을 담보 잡는다
하루살이도 코끼리를
미 치게 앓을수있다 2눈까게

기 적 !
무한대 광활한 우주에서 오직
지구 밖에는 아직껏 발견되
지않은 지적 생명체 2눈까게

이 아름다운 행성 자에 태어나
살 있는 것은 기적중
기 적인 거다 2눈까게

이 경이로운 우주 아름다운 자연
경탄할 장관과 신비로운
생명들로 가득 차있은 비밀들
그대에게

나 홀로 산길 걸으며 사랑을
느낄수 있는것이 놀라운
기적인 거야
그대에게

언제 이런 기적 다시 만나리오
이 놀라운 기적 앞에 어떤것
도 비 없바 없다
그대에게

가치관!

생각이 그 행동을 낳고 행동이
운명이 되고 운명은 삶이 되었다
그래서)

원칙으로 믿고 살아온 일생
그 한세상 살아보니 그 원칙도
어제의 법이 였어   간혹세

나의 생각은 뭐가 읽으키고
절제 ᆫ 하고 행동케 하나
          간혹세

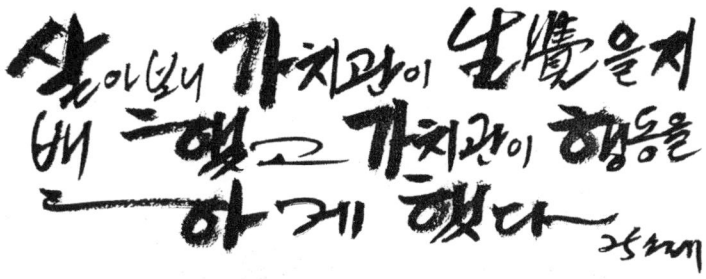

살아보니 가치관이 생활을지
배 했고 가치관이 행동을
아게 했다 2등제

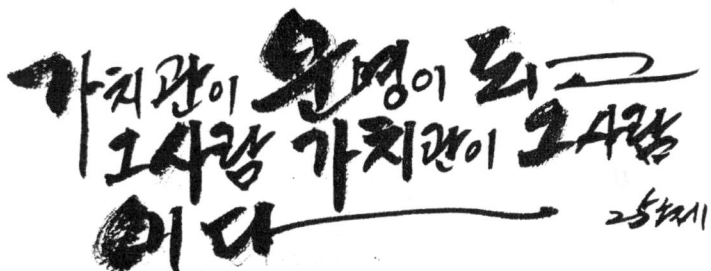

가치관이 운명이 되고
그사람 가치관이 그사람
이 다 2등제

정자에 올라!

오늘갈 내내 바람은 한점없었다
얕은 구름이 햇볕을 가렸으나
끈적한 노염을 안고 올랐다
2등제

바람 그 화끈기가 보상해 준다
늦은 2후 그 해야 했 時間
시간이 주는 감성을 즐겨본다
강성제

혼자 라는 것 맘껏 누리는 自由
혼자라서 만나는 그 독은 自由의
랍자 였다
강성제

오한 山골에 인기척 하나
없지만 정적이 맑아
수정 처럼 고요하다
강성제

떠로 !

落葉이 첩첩이 쌓여 흙으로
동화되어 있었다 눈앞도 상
수리 후박나무 잎들도 있을터
　　　　　　　　　고요에

후(박)꽃 그향기 연분홍 진달래
과기 모양과 색으로 살다가 삶
이 끝나 돌아가는 땅 흙이 있다
　　　　　　　　　고요에

그향 주머 흙들이 살펴보니
실로 다른 모습들은 모두가
한 모습이 없네 고요에

萬法은 모두 二 一法으로 돌아
가고 그 一法은 또다시
꽃과 풀잎으로 萬法이 된다
　　　　　　　　　　강신재

홀로 있어도 불 행한건
이유 ○ 와 비교했기 때문
이다 ─
　　　　　　　　　　강신재

이치에 합당치
않은 면 냇가 흐른다
　　　　　　　25.5.4
　　　　　　　신재

아 가을 !

고요하다 바람도 오수에 들었
는지 풀잎 하나 까딱 않네
나도 가만 가만 걷노라니
　　　　　　　그는제

열매 익어가는 소리 갈꽃 피는 소리
써레 품드는 소리 어쩌다
오를 깨는 풀벌레 소 리
　　　　　　　그는제

山 깊은 그늘밤 별것만 노엽
으로 따갑고 그늘은 옹서
처럼 시원 해
　　　　　　　그는제

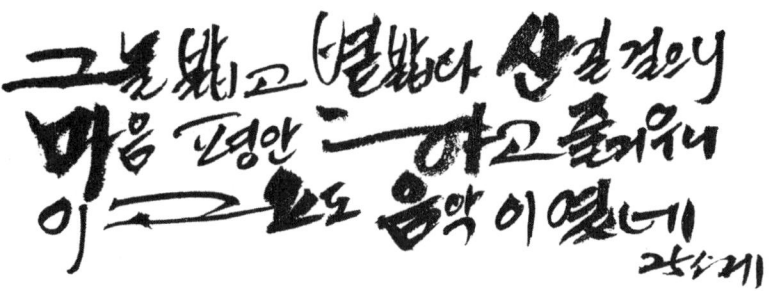

그늘 됐고 별 밤다 산결길으니
마음 편안 — 하고 즐거우니
이 — 오도 음악 이였네
                        갈수세

쑥 !
— 대가슴에 품은건
오직 — 향기 뿐
                        갈수세

지혜 !
지혜는 깨달음의 결정체
착하게 사는것 보다 지혜롭게
살라 —
                        갈수세

지혜는 책으로 배우거나 설법으로 배우면 그것은 향기 ○ 나는 꽃이 된다

25세제

책으로 배운 지혜는 현장에서 체험될때 생명력을 얻

25세제

언어로 배운 지혜는 실제에서 경험을 해야 自己 것이 된다

26세제

297

나무는 대웅전 추녀끝으로 솟인다
해도 靑山을 그리워 한다
강춘제

빈 둥지 !
남으 여름 한 새 집 벽토
이물어 지고 기둥이 내려
앉아 지금은 폐가 되고
강춘제

둥지에서 짝 짝 입벌리는 노
란 부리들이 自己 달라고 떼
쓰는 소리 자글자글 들려온다
강춘제

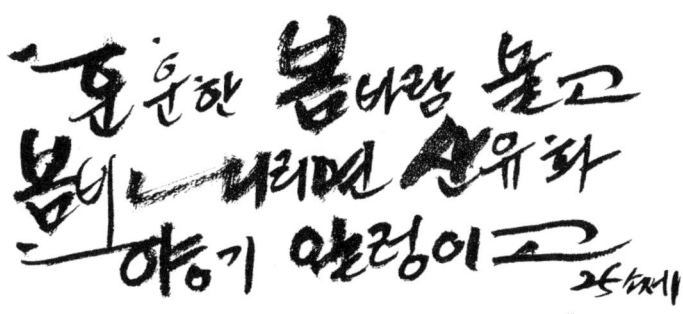

훈훈한 봄바람 불고
봄비 내리면 산유화
아기 앵렁이고

어미새 앙눌께는 과부화결
리 바쁜 눈동자 숨가
쁜 時I남을 지나가고

어미 부리는 상제로 짓무르고
깃털도 솟아 날지 못하는데
새끼들은 모두자라 떠나가고

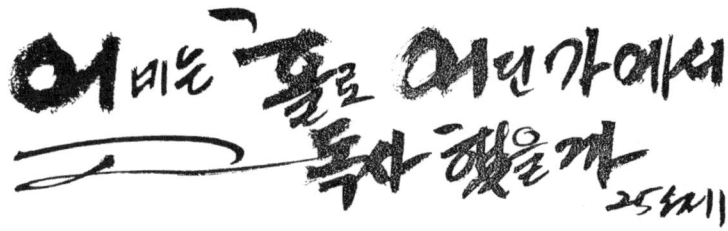

어 비는 홀로 어딘가에서 독자 했을게
25호재

한줄기 바람이 몰고가는 깃털
청공은 날던때를 잊고 여객는
바람이 불면 비는대로 흘러간다
간호재

넓은 둥지에 흘러내리다 마른땅
를 적에서 어미새 고름등
만 머물어진 둥지에 고여왔다
25호재

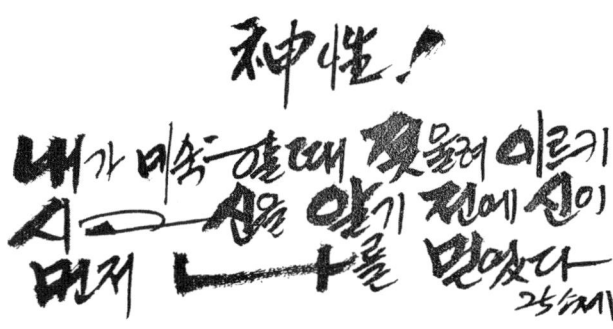

神性!

내가 미숙__할때 젖물려 이르기
시__상을 알기 전에 신이
먼저 ㄴ_____나를 만났다
25신제

내가 수어샤이 넘어지고
실수__해도 미소지우지
않__오래기다려 주시고
25신제

목마를때 물__듯 나에게 먼저
내어주며 무지개 보다_ 윤차
비한 눈빛으로 갈증 덜어주__
25신제

301

응당에 찾 놀랄때 내집 살펴 自身의
머릿 짐에 더 없으시며 자신의 몸
보다 나를 먼저 살펴시고
간혹제

내가 허기질때 양상을
떼어주듯 내 허기를 먼저
채워주시는 부산 한 마음
간혹제

내가 쓰러져 무너졌때 천상
의 향기로 품듯 안듯 말짜
안아 토닥여 주시더니
간혹제

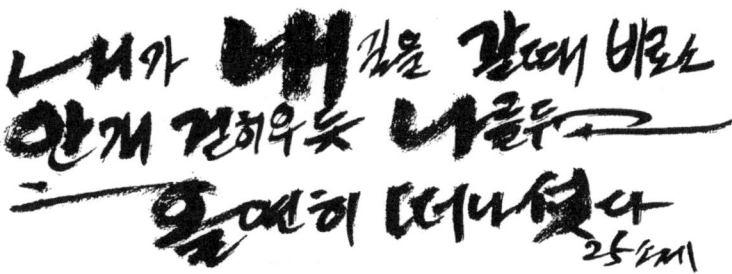

내가 배 길을 갈때 바로
안개 걷히우듯 나를두
홀연히 떠나섰다
　　　　　　2년4개월제

늘 그 함께 있을 때 모르지
밤 내길을 떠나면 소중
함을 갚게 느끼는것이다
　　　　　　2년4개월제

죽음을 보고 삶을 배우며
병을 얻은 후에야 건강을 안다
　　　　　　2년4개월제

무 좋서 뎃가는 ... 어줍고
부정 저지른 제녁엔 냄새
뒤책이 ~ 잠못 이룬다
간서제

선악은 따로 ... 없다 오직
法 ~ 옳법만 용인된다
간서제

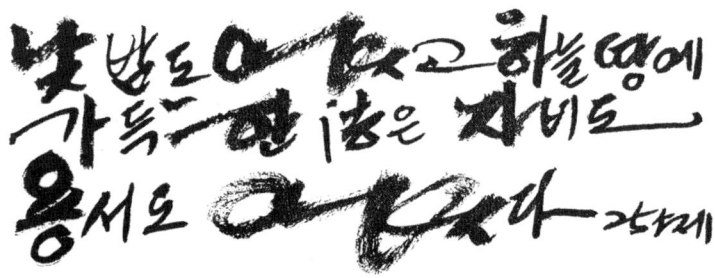

낮 밤도 ... 없고 하늘땅에
가득 ~ 한 法은 자비도
용서도 ... 없다 간서제

태초이후 맨 훗날에도 죽을지
않 시작도 끝도 어없는
근혜시

천상천하 누구도 그 法을
되현자 어없는 天理法
근혜시

罪!
화란 무절서 이다 무질서는 멸
멸 한 끝과 혼마한 위곡의
향기와 화려한 맹독이 앉다
근혜시

305

몸 쉬서에 끌들여 지면 투명 낚시
에 걸리고 ── 많은 괴롭고
일선을 망치며 삶이 몰락한다
25노제

배 고플때 밥먹고 목마를때물
마시는 거야 땀 흘리며 산에
올라 시원한 바람 ── 한줄기
25노제

삶으로 소중하고 귀한건
비싸지 않다 ──
25노제

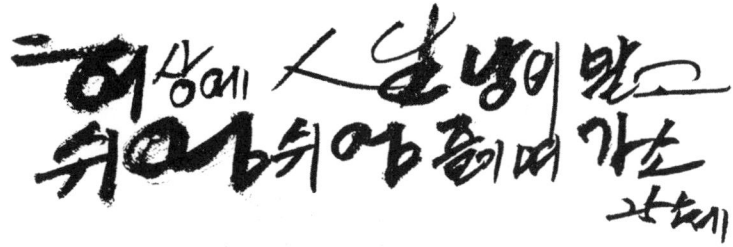

이 상에 人生의 맛
쉬엄쉬엄 즐기며 가소

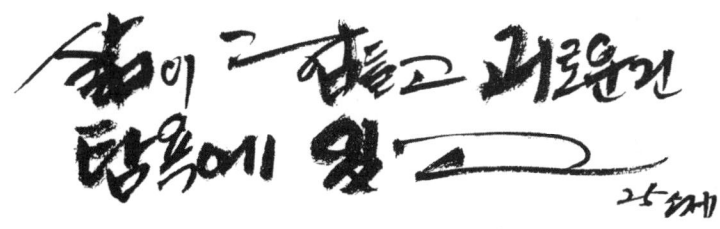

삶이 그 힘들고 괴로운건
탐욕에 있...

自發的 삶을 살아가지 않는 삶은
앞른 역에 가서야 허무하
다 말하게 되는 것이다

自기 그릇을 알아 들고 남을
아는 것도 소중한 지혜이며
　　　　　　　　고든채

만족그하고 감사그함을
아는 것도 소중한 축복이다
　　　　　　　　고든채

넷 방울!
우산 펴기도 접기도 어색그한
우울그한 구름은 그 하늘 자지그해
울까 말까 그 민이 많나보다
　　　　　　　　고든채

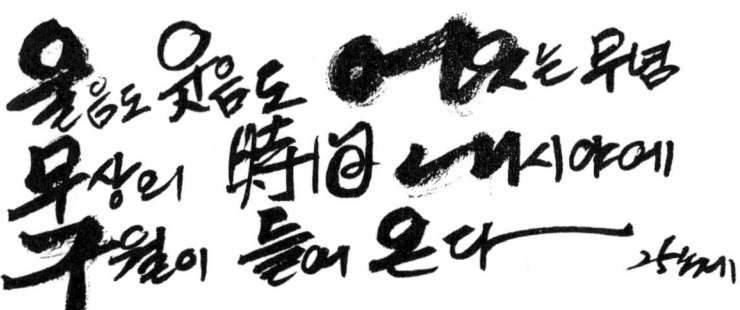

울음도 웃음도 어없는 무렴
무상의 時日 내시야에
구월이 들어온다 ——— 고은제

봄과 마음이 휴식하는 산길
간간히 빗방울 듣는길 멀
리서 山 새소리 한가롭다
고은제

휴식는 낭에가 아니야 꿈을
위하여 명을 축적하는길
간간히 빗방울 듣는다
고은제

일단!
그대 꿈이 있는가 그꿈에
간절함이 있는가 가치란
유 통기한이 매우 짧다
강소제

왕 혼녀 이쯤와서 뒤
돌아보니 추억속 그 한켠에
울고 있는 작은글 있어
강소제

일단 그 해보기나 하지그랬어 ?!
그 단어가 울고 있었다
강소제

단어는기쁨을 잡는 열의
앎을 이제야 알겠는데
그렇게

날빛 눈빛 그 하나가
높은 망서림의 어려웠음을
그렇게

그때 기뻐는 그때문
인것이다 이제는 남기고
삶은 말이 되어 버렸어
그렇게

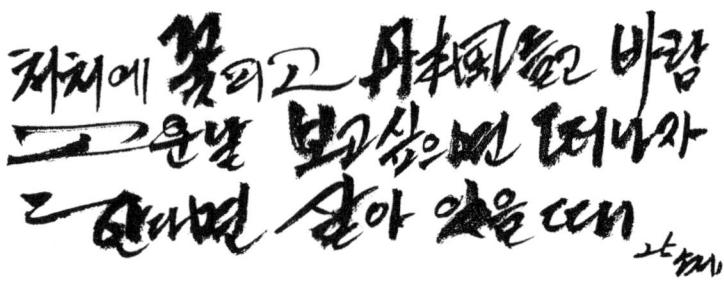

게을러도 가슬 부지런해
도 가는것 즐기며 일하고
감사는 아며 살아야해
2등선비

아름다운 손!
먹으로 맺힌 열매 송송이
옹이박는고 아름다운 손
2등선비

그 단 한 담영이가
곧이 박힌손
　　　　　강세제

누가 그 손을 홀대 하나 삶의
향기 고여있는 거룩한 손을
　　　　　강세제

가늘비!
가늘비 내리는 날이면 오래된
추억이 화인처럼 아픔한다
늦가늘비 추럭추적 내리는 날
　　　　　강세제

경기 이천 외진곳 그 한적한 길
돌고 돌아 외로히 가을비 에
젖어가는 찻집 주마등
24수제

가을 향기 같은 잔잔한 음악이
일렁이듯 그 으르고 걸손이 들어
와도 무심한 주인 아낙의 반응
25수제

어른한 마음이지만 알수
없는 향기가 나는 주인장
많으 옷에 자랑도 내밀고
24수제

그해 뜨거워한 마음 먹고서
않다 나는 말없이 힘차게
르키고 창밖으로 시선 옮겼다
　　　　　　　2등체

늙어 깡마른 해바라기 추억 맺기
없는 가난한 맨드라미 배에
젖은 모습들이 가슴속에 스며온다
　　　　　　　2등체

키품 없는 손으로 많 없이
힘차 허택에 내려놓고
돌아 가는 흥人장　　2등체

315

누리한 백열등 아래 음악도 쉬어 간다
지폐 한장 차탁에 얹어놓고 말
없이 나서는 내등 뒤로 ⎯⎯ 2음절제

공손한 인사가 야릇한 미소와
그 함께 배웅한다 머리 뒷
쪽에 ⎿⎯⎯ 제2는 묘함에
2음절제

뒤 돌아 보는데 뜨락에 꽃들이
축식 축적 내리는 가을비
에 젖 ⎯⎯ 있었다
2음절제

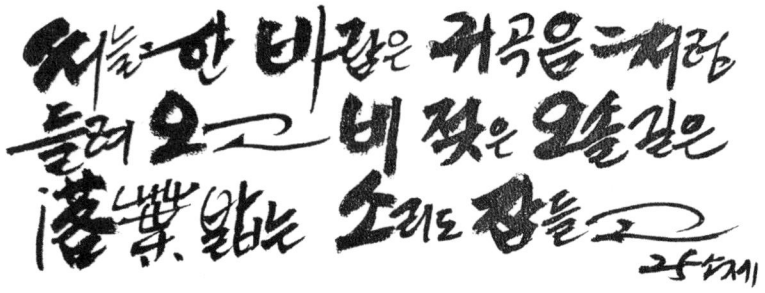

서늘한 바람은 계곡을 그처럼
들려 오고 비 젖은 오솔길은
落葉 밟는 소리도 잠들고
2수제

우중충 그 하고 음산 그 한 길 천지가
안개에 갇히고 사방이 어두워
오는데 경험이 자꾸만 2수제

이 끌리게 그 한다 구름에 묻힌
山정에 홀로 깨어 있는 이 고독
무엇에도 두려움 없이
2수제

안개가 무거워 짙수록 역패감은
쉽게 강영 할수 있었는
일 이 더 매력점 이 야 그녀게

앞은 동쪽으로 하늘에 올라 가는
태풍의 치맛 바람 이 수면에
파랑을 일으킨다 그녀게

쓸쓸 매미 !
구월이 가 시월의 계절에
소나기 처럼 울어 대던 벗들
이 모두 떠나간 자리에 그녀게

319

강물 흘러가는 가지에 순의
애타게 하늘의 명을 수행
하려는 말매미의 처절한 울음
                    (고윤제)

적지들 모두 떠나간 빈숲속에
목쉬도록 울어대는 마지막 매미
소리가 퍼석 더욱 되뇌라 간다
                    (고윤제)

파시가 되어 장터 기웃거려
도 투고 난듯이 얏나자
리에서 들려오는 처리 여뭐
                    (고윤제)

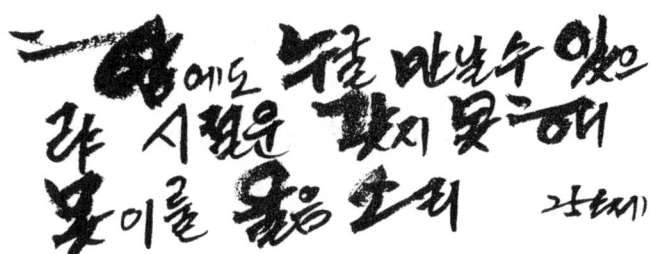

一生에도 누를 만날수 있으
라 시절은 찾지 못해
못이를 옳음 소리   강태제

물든잎 날리는 마른 숲속에서
날고 있는 애뜻한 울음이
                        강태제

혼자 남은 애미의 활창에
가을은 점점 더 깊어간다
                        강태제

고독 :
보이는 것이 사라지면 고독하고
혼자 남으면 외롭다 건희제

눈을 밖을 향하면 늘 허전
하여 외로워 지고 건희제

눈을 안으로 돌려 보고 내안에
서 꽃으면 고독하지 않다 건희제

우리는 늘 몸밖 보이는 무언가에
집착 ― 하면서 산다
25세제

그래서
외롭고 고독하다
25세제

안보이는 것을 보―는 예쌨는
것을 求覺 ―하고 바램
을 탐구하며 좋은것 추하하면
25세제

외롭지 않
그 독 하지도 않는다 간호제

거룩한 손
엄마 손에는 늘 손가지 냄새
냄새와 냄새가
에 앉었다 간호제

그런데 언제 부터가 엄마손
에서 냄새가 났다
분명 에나 다를 없는데
25호제

나를 키워 낸 향기 있음을 알았
을때 거칠고 옹이진 손은 꽃
바람 처럼 향기로워 2노제

엄마손 잡으면 눈시울 뜨거워져
엄마손 잡으면 가슴 아파와
엄마 손은 神이 빚은 예술품
2노제

마디마디 옹이쳐도 겹겹이
사랑으로 ─ 잡힌 아름답고
거룩ㄴ ─ 한 靈魂의 詩다
2노제

어머니 떠나시고 아득하여도
내 가슴에 지지 않는 꽃으로
피어나 내가 힘들 때
고혜제

아이로 위로하는 어머니
마음 아! 어머니
어머니 이름은 天使이옵니다
고혜제

가을 山寺!
가을 익어가는 소리 쓰─악쓰─악
銀붓씨 ─향기 도랑에 온은
아으
거혜제

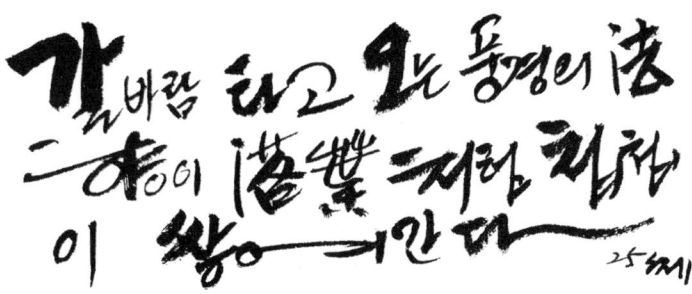

갈바람 타고 오는 풍경의 法
二音이 潛氣 그처럼 치렁
이 쌍어 간다
25세제

그런 넉고참 긴 세월 하
많은 가슴들이 운산절벽 앞
에 두
25세제

전퇴의 막다른 공간에 얼마나 가슴
떨진 막막 꿈에 손톱 닳고
배 지도록 가슴쥐고 울었는가
25세제

산문(山門)앞 즐비한 부도탑
三代생 바쳐 찾는 일이
눈물눈물 놀이로다   강태제

山寺 가는 길
구비구비 산길에는 가을꽃들 피어나
붗 푸른 하늘빛 아래
계수 서둘러 내린 丹楓風앞
머리에 이

독도 더나원 이루지 숨어있
는 꿈들이 붉고 山길엔 서
러운 落葉비 내린다   강태제

억겁이 적二메긴 수행의 발자국
그 한소식 깨치려 천년을 가
슴 앓이 닳도록 오고 간길
                    25수제

무성한 森林은 무언으로 정진해
계천 ─── 안바다 는
맽어 이없이 지너다 ───
                    25수제

山寺 오르는 길에 森林은
오직 그 침묵 그 뿐이다
                    26수제

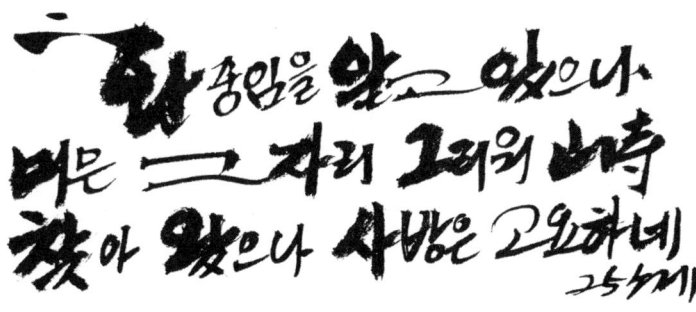

禪으로 그 요하다면 마스머들
울수 있건만 빈자리가
그 요함은 온심 두려울뿐
253제

솔바람에 물든 丹楓에 기럭
소리그애 더러럼고 돌앞에
불러있는 落葉들도 근심가득해
253제

331

가난한 맨드라미 아워 봉선화
어버이 가침 소리 들리지 않음을
깊은 근심으로 받아 드리네
　　　　　　　　　2549제

대웅전 범종각도 목낭으로
의복 빌 — 도량은 구연
그 () 의 인쪄도 끊겼아
　　　　　　　　　2549제

노을이 쓸쓸그 — 하고 時
가 고 오 향은 스님이기
침 소리 끊겼기 때문이네
　　　　　　　　　2549제

어느덧 ―한 세상 삶이가 옛
이야기 되고― 남은 내앞은
타인의 이야기 처럼 들려온다

가을것!

시월도 중순으로 닽는 山길에
시름시름 앓는 落葉이 진다.

솔울이 바람에 한덩쿠 춤모리 차
진모리로 바람의 가락따라
춤추며 ―울려 간다

333

가을이라 아장곱게 한月
楓원으로 차거운 바람 타고
이승의 마지막 여행 내려앉는다
254제

한낮의 사연들 빼곡히 기록된
윤색 삶의 결산은 매순간
바람 으로 이 기록 되는것
255제

비 내리 눈 내리
봄 돌아 오면 모두가 한색
허공 흙으로 환원되 간다
256제

발원!
발원하는 맘 내는순간 온몸
은 그것을 이루기 위으해
긴장-하여 작동-한다
25누게

발원은 누가 이뤄 주는것이
아니라 내가 발원하고
내가 이뤄 가는 것이다
25누게

내가 발원-한건 身을
게으르게 두지 않고-
정신 흩으러 자게 두지않는다
25누게

가을비!
웃음으로 떠나 보내고 뒤돌아
서서 흘리는 차거운 눈물 25세)

묵은 설음 그리움들이 눈물로
흘러 내린다 가을 안개가
어미 품인양 품고 다독 거려도 세)

소리 없X이 훌쩍 거린다
이 땅을 떠나야 꿈이
아 쉽고 내리는 건가 세)

솔잎에도 거미줄에도 눈물 송송
이 맺히여 가을산은
여기 저기 소리 없이 울고 있다
그냥쓰세

山새도 들벌레도 이별아는지
모두는 마당_ 숙연한 시간
天地 속이 고요하다
그냥쓰세

호젓한 山길 우산받고
가을울음 들으며 소망 마치고
天理 따라 가는 가을을 본다
그냥쓰세

가을 山寺

붉은 그 목은 실낱가락에 丹楓잎
몇 개 느긋한 바람줌 후
　　　　　　　　　　그늘재

그 햇으로 껑마른 노승 도랑을 쓰
누듯 마르듯 쓸어놓은 마당에 실
솔챙이 바람이 낙엽 놀린다
　　　　　　　　　　그늘재

이끼 낀 石塔 위에 홀로앉은
쫘은새 法談 인양 주절거리고
　　　　　　　　　　그늘재

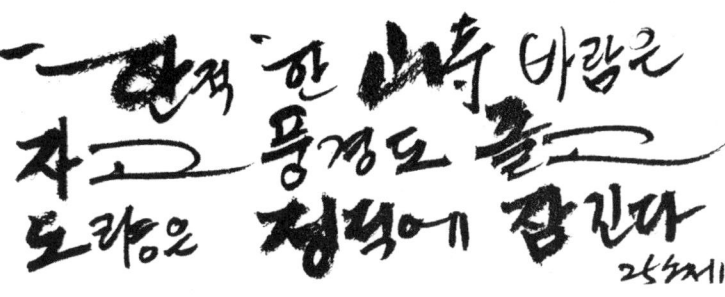

한적한 山寺 바람은
자고 풍경도 들
도랑은 정적에 잠긴다
근수제

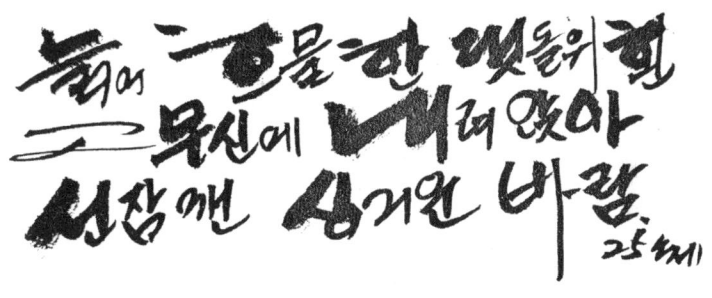

늪의 흐름을 한 옛들위회
무신에 내려 앉아
석참엔 상거원 바람
근수제

삼산은 해 짧낮기 발등
한 바람이 처마끝에 잠든
설봉어 겨드랑 갈저럼 하고
근수제

잠깬 철봉에 산 책 꼬리 흔들
며 허공 헤집으니 풍경은
전 아조 노래 한곡 부른다

숲속 오솔길 !

숙부쟁이 피어나는 계절 어린
쥐꽃도 함께 피어나고
山 구절초 향이도 곱고

망개의 앙봄이 봄그래 봄다
어디서 풀려 오는 山국향
향이 이만큼 저믐서 외롭다

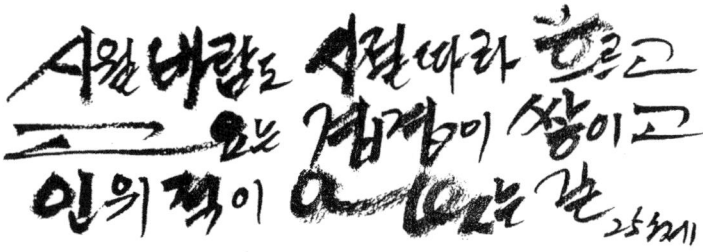

사월 바람도 사람 따라 흐르고
오는 계절이 쌓이고
인위적이 어 안는 길 강혜제

우리를 꿈섬 하지 말아요
여기는 自由로 흐르는 길 그대로
되고 우리는 法 따라 살아요 강혜제

가을바람!
비내리 바람분다 가을바람
은 변심 한 남의 마음인가
강혜제

341

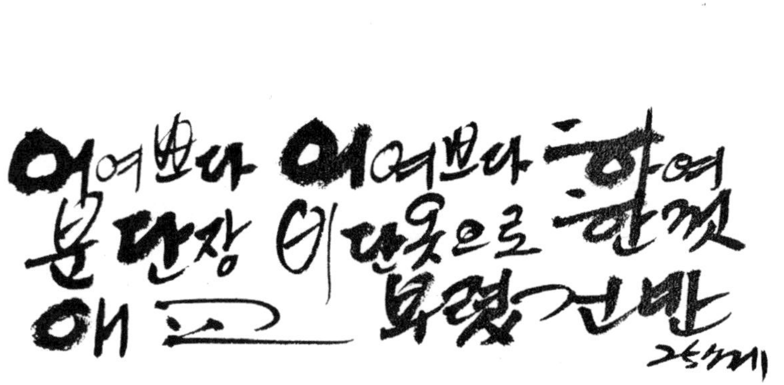
어여쁘다 어여쁘다 하여
분단장 비단옷으로 한껏
애교 부렸건만

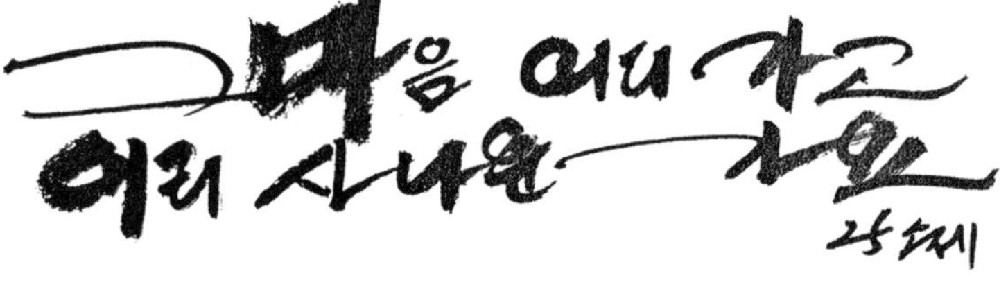
마음 어디 가고
이리 사나운

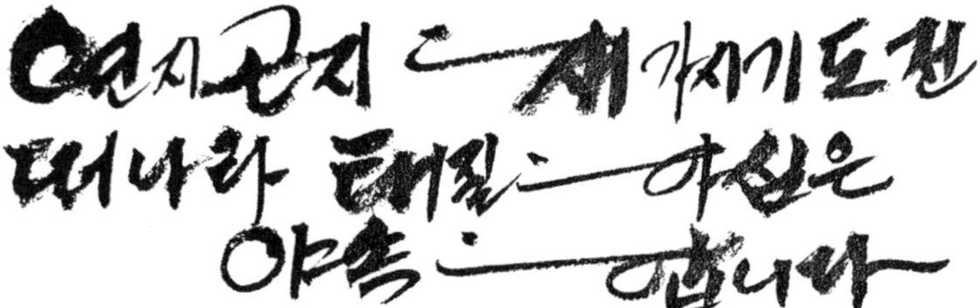
연지곤지 채 가시기도 전
떠나라
약속

봄볕그처럼 온 따한 그마음
어디 두시   이리도
이리도 차늘   안까요
김소월

비단옷 짖듯 야단 치오면
 정흥단 임은 그제
떠나 갑니다
김소월

세상이 이런거라고 한마디
이름 없이 이리 하오면
꽃단장 않은 채로 떠나갑니다
김소월

세계 一花!
하나가 전체 전체는 하나
너와 내가 함께 어우르는
우리는 모두 한송이 꽃 宗師諸

누구나 自己 타고 난대로
갈고 닦아 꽃피워 내면
그대로가 모두 성공이 된다
宗師諸

百合이 백합꽃 피워 내고
매화꽃이 매화꽃을 피워 올리며
宗師諸

장미는 장미꽃 되어 울래 서로
부러워 ~ 하지 않고 뽐내지
않으며 어엿선 여기지 않는
2005제

~은 그 운 꽃동산
모두가 ~ 하게 성공~한
아름다운 꽃 동산 되리
2005제

민들레가 장미 백~허 부러
워 시기 질투 ~ 하다면
이미 불~행한 세상 2005제

神松!

뒤틀리고 엉키고 피골상접
안 뜨거운 알battle 神松

장구한 세월속 다쳐진 나의
데에 진한 흥진 향은 붉은 술의
곤적 한 피땅의 냄새

굽고 뒤틀린 옹이와 쪼그라쳐
울린 거북등 그처럼 퍽퍽갈라
지 저승길 얼룩쳐도

암 벽틈에 뿌리박고 비바람
이겨내는 굽이진 골골이
점득ㄴ한 눈물ㄴ양으로 고였다
　　　　　　　　그는기제

수상생상 살아도 삼켜 못넘는
작은키 무릎꿇고 하늘에
기도ㄴ 하는 외로운 솔
　　　　　　　　2는제

바위틈에 뿌리 내리는것 어렵
고 힘들어도 살게 해 주신
ㄴ하늘 은혜에 감사 하는 늙은솔
　　　　　　　　2숟제

극한의 풍상 견뎌온 몸에
구비구비 사연이 진득~한
향기로 어룽뎌 있다
2수에서

가을 양지!
싸아~한 기운 따뜻~한 햇살
양지 바른곳 갈빛에 제오이
오른 바위에 앉아 2수에서

내려앉은 가을을 무심
바라 본다 발아래
툭! ...게 물든 落葉
2수에서

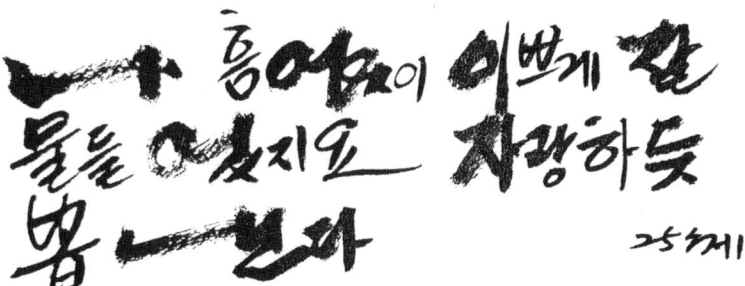

너가 흙에서 이쁘게 꽃
물들 이루지요 사랑하듯
봅 ㅡ 본다

25세

또 한알 툭! 병들 ㅡ 벌레
먹은데 어룩 살한 潛밟
ㅡ 내려 않는다

25세

삶이 얼마나 힘들었겠니
그의 삶이 아프다 25세

349

늑골 송송이 벌레 먹히고
병으로 얼룩져도 모서리 한켜통
이 봉선화 물들인 月耀凱몸
간들게

마음 물꺼그— 에 가만히
주위들— 金도시 마음
으로 품어 안아 보는데
간들게

지영— 하게 살아온 너의
삶 앞에 쳐린 마음으로
너의 삶을 어루만진다
간들게

落花 !

봄바람 충동으로 후루룩 펴어
나더니 그日天下 아쉬운
落 꽃봄 으로 산다

하실 향주며 돌아
오지못 훌쩍 떠나갑니다
아직은 푸른 꽃닢 이장아

이제야 봄꿈이 한창인데 어차피
떠난다면 꽃바람 부는날 바람결
에 몸싣어 떠나 가야지

351

천리순응 생육번성 천명을
좇아 행하고 가는길
떠나는 뒷모습이 아름다워야
그수제

그한생을 좇숙아온것이지
꽃진 자리 애숪다 하지
마라
그수제

그한세상 숲이 이리도 아름
다워 천지(江山) 구경 잘하고
숲풀의 그한마탕 춤추며 간다
그수제

그리움!

가는 세월 붙잡을 수 없듯
날 붙잡기 않아도 날 붙 나는
사랑은 흘러 가버린 추억처럼
강희제

될 부를수 없는것 뻔히
알것만 자꾸 떠오르는 노을
해는 서산에서 겨울로 가는데
강희제

봄꽃 화사한 향기가 보고싶
은건 삶의 애착이 아니라
흘러온 추억을 애착 하려니
강희제

아쉬움도 후회도 어깨에 살아
왔는데 뒤에 남긴 발자국
자꾸만 뒤돌아 보게 해
그날개

아픔도 상처도 그아픔도
모두가 그리움이었네
그날개

無說說!
총끼 번뜩이는 청년이 해자를
자궁 하고 가르침을
배 운 다
그날개

스승은 제자가 있을때나 없
을때나 아무 변함 없이
일상을 ㅡ 하신다
　　　　　　　간디제

ㅡ다마다 어없이 땡감
떨어지면 손으로 땅에 부치지
않을 따름 ㅡ 해오신다
　　　　　　　간디제

땡감은 제가 ㅡ해오겠습니다
스승은 방그시 웃을 뿐 씨뿌릴때
도 스스로 나가 일을 하신다
　　　　　　　간디제

왕은 저에게 사키상시 오승은 여전히 방그시 웃을뿐 예전처럼 생활 하십다

제자는 더이상 별어없이 스승이 그래고자 하는 기미를 짐작 해 일상을 그래갔다

둘은 수년을 말어없이 일상을 살아 갔다 배문도 법설도 그 한마디 언급이 어었다

어느날 가르침 얻고자 스승
께 法이을 請했다 제에
게 法을 說하여 주십시오
2냑녹제

스승은 여전히 미소만 지으시며
法이 높다 자 자 하지며
이내 누워 잠에 드신다
2냑녹제

호롱불 끄고 제자도 어쩔수
없어 잠에 들었다
낡은 가고 또 수년이 흘렀다
2냑녹제

357

제자는 스승의 일과를 모두 습득
하여 더 여쭙지 않아도
스승처럼 일과를 척척 해낸다
2등제

어느날 스승과 마주앉아 말없이
茶를 마시다 처음으로 배움을 말
씀 하신다
2등제

지금 너는 나의 설법을
모두 익혔느니라 스스로
얻었으니 이제 홀로 서그라
2등제

비름으로 왕성을 쌓아 내름에
제 二파 되면 落葉、한닢
떨어짐에도 진방을 안다
25세

道 人 — 은
그 라자로 가르쳐섰다
25세

가을편지!
가을이 되니 丹楓잎 하나에도
몹시 ——— 리운데 25세

그리다 말 안 해 해도
울먹여 볼것 같아 25초1

한 글자도 써 보낼수
어 없읍니다 25초1

그래도 가을이라 그 말이라도
하고 싶어 붉게 물든 잎하나
동봉해 보냅니다 25초1

님을 향한 불타는
가슴이라 읽어주세요
25수제

무문관!
사방이 막혀야 무문관 인가
우주의 작은 창백한 푸른 점속
무문관에 태어났다 25수제

나 홀로 自由 의지로 무문관에
들어 문자 아닝고언어
ㅇ없는 택한 선언
25수제

물 낮출레 소리 내 발자국 소리
사 방 어디에도 그것은 없어
어 물속에서 물을 찾는다
간초제

오직 무상─이 겨울뿐 언어 소통
오 없는 텅빈 공간 내의지로
갇힌건 갇힌것 아니야
간초제

무문관이 따로 있으랴 오직홀로
걷는 길이 무문관 이야 나는히
공에서 허공의 사리를 찾는다
간초제

늘 곁에 있는것이 소중
하고 귀한것이다

四月 중순!
엄지손지 빛이 가시지 않아 풋각시
솔내음 같은 향긋하고
달달한 바람 싱 그럽다

어느 봄날로 왔는지 알수
앵두 봉꽃 그 향으로 흘린
붉게 물들이는 꽃바람

산새 소리도 흥건히 신방
꾸렁 나봐 재재 기는 소리
는 그 행복 물든 무르거린 노래
그는 시제

이리도 그윤 꽃피는 봄도 숨
한번 쉬다 보면 훌쩍
어젯이지고 둘틈 비집는
그는 시제

중순 개울물도 푸른꿈 물들어
돌밭승 땅 정체럼더낭이
설레스 도 경쾌해
그는 시제

득도 대해 항응하는 마음 빛이
돌틈 돌틈 빛난다 연두른
새옷 입고 산마다 푸른꿈들
그노래

푸른가지 앞사이로 치마자락
흔들며 아픔에서 슬금서
골짝에 살랑 춤추는 봄바람
그노래

가을편지!
하늘이 푸르러 무르러
호수처럼 깊어 눈물고입니다
그노래

저쪽빛 하늘 호수에 하얀 손수건
던져 올려 丹楓에 글을 써
님께 보낼까   그렇게

붉은 丹心 마음속 속에은
"보고 싶어" 한마디 적어
님께 보낼까   그렇게

낯붉은 하는 가을이 너무
짧아 어느덧 서녘 하늘에
노을이 붉어   그렇게

마냥 ㅁ 시울만 뜨겁습니다
ᄀᆞᆺ제

落葉！

샛바람 한자락에 가지를
놓는다 비로소 얻은 自由다
ᄀᆞᆺ제

동짓달！

동짓달 몇일 째 샛바람시
리드니 山길엔 날마다
갈색 꽃잎 내렸다
ᄀᆞᆺ제

367

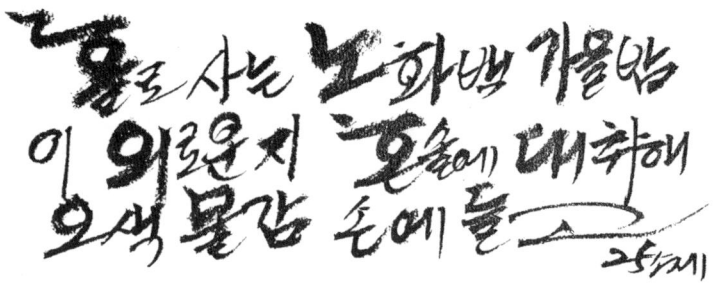

홀로 사는 노화백 가을밤
이 외로운지 호술에 대취해
오색 물감 손에 들ᅳ
고성제

가을山에더 황물이로 흥
취대니 황홍 색색이 갈
바람에 자진물이로 날린다
고성제

노선은 그 한산숲 갈바람
에 山山을 화단삼아
유楓山에 춤 취댄다
고성제

潛龍 편지

대로는 그 리움이 많어 한마디
말을 ～ 하면 그 없이 퇴색
될까 한 마디도 할수어 있어
구상제

자꾸리 침묵으로 이심정 전하
기도 ～ 하지만 애타는
이 심장 ○～ㅣ 이 아실까
구상제

혼자만 애태우다 저버린
丹楓으로 한잎으로 이 心情
대신하여 전 합니다
구상제

369

붉은 마음(丹心) 그리운 때 아픈 이 한밤 마음인 양 보내노라

간수제

大道無門

허공에 門 없더냐 길이 없더냐 참법은 天下에 가득하다

간수제

허공 같은 眞如 온누리가 다 法이다 이 자리가 값이요 그 자리가 품이다

간수제

大道는 이 ... 없으니 ...
로 이이되고 大道는 길
없으니 ... 으로 ... 하여라
곽한제

청춘!

사랑그 하자 이 한봄 던져
사랑그 하자 모디온 가을에
한껏 눈물이 될지라도
곽한제

丹楓!

가을이 오면 울긋 불긋 단풍이
... 은 세상을 향해
노래 부르는 덧 이다
곽한제

잘 살아온 만큼 떠날 때도
뒷는 맘 아름답게 떠나라
└─── 래라는 것을
25세제

낙엽!
가 지끝에 태어나 한세상 비바
람에 흔들리 며 살았다 그래도
떠 날때 비단옷 한벌 선물 받으
25세제

한삶을 붉게 세상을 터룡하고
배운춤 있다 나의 텃자리가
지를 놓는날 멋진춤 추리
25세제

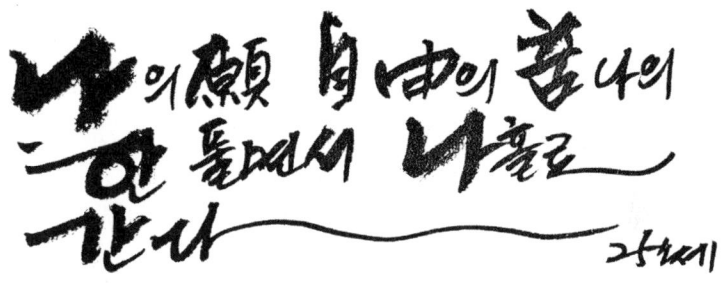

가을바람 타고 너울너울
떠날때 뒷 맘 아름답게
살풀이 너를춤 추며 간혜

나의 願 自由의 꿈 나의
꿈 돛대서 나홀로
간다
간혜

늦가을!
방안에 앉아 그손 마지막 부
楓을 소환해 본다 지금쯤
노란것처럼 이마금 날러 갔겠지
간혜

373

왜 이리 가슴 뛰는 건가 토라진
네 마음이 서리를 품은 거니
온 끝이 시리다   강혜제

어느 가을 넘보려고 지리산
찾아 갔는데 시절은 뒤틀려
너의 흔적만 담아 왔어   강혜제

앉고 서고 창밖 보다 서성
거리다 山산에 물든 마음
을 심장에 박아 놓고 싶은 날 강혜제

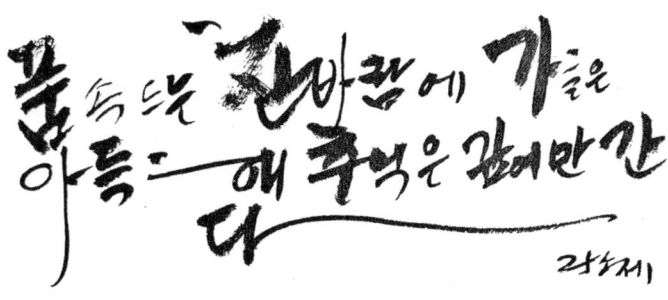

꿈 속으로 꽃바람에 가을은
아득는 애 추억은 강에만 간
다
　　　　　라유제

棋葉 잎은 하나 내린다
가을도 많은 겨울문 앞에
바로2 연은 日光가 밝힌다
　　　　　라유제

가을 山寺、
가을내린 山寺 도량엔 긴 새월법문
설는 하 않았다 저녁을 삲아
도 한참 울기이 된다
　　　　　라유제

일주문 앞 栢森木이 실참법문 머금고 해묵은 담 장돌 기둥받친 초석을 익어가는 모습속에 법문섰 하고　　간세

치미에 풍경도 바람한점 없으니 無聲法門 설하고 늙은 백일홍도 나는건 지웃거리고 설법해 보인다　　간세

도량앞 개울은 돌돌 듬듬 인연소리 달리 달리 法誦 부르고 에기밭 늙은 바위 녹태 이끼낀 소리로 진여 선하다　　간세

처처가 法堂이고 두두물물이
생불 일진데 귀 있는 자 들을것
이요 눈 있는 자 볼것이다.
　　　　　　　　　　근제

맹추!
바람이 쳐다 앞진 가지마다 살
살이 뒤져 아직 버리지 못
한 미련들 시린 바람비로 씻고
　　　　　　　　　　근제

북녁바람 날아오면 화냥냥는 갈
은 枯葉들 9수수 내린다
山길에 겹겹이 쌓이는 낙엽들
　　　　　　　　　　근제

밤길에 밟힌 落葉들 一生이
부서지는 소리 마지막 가는
길에 서린 바람 배습다
그누리

흔적은 그대로 가슴에
달 내려누운 落葉
들 꽃들이다
그누리

안주!
그리움에 목말라 수척해진
가지들 기력이 쇠진하여 날
숨도 그 하늘에 바람도 가늘다
그누리

몽유 병자처럼 밤마다 헛걸음에
며 환영처럼 앞서 누구를
찾는가
　　　　　　　　　　　김수제

몸을 넘어 낸 얼술도 끝겠만
남아 떠나는 丹楓에
작은 손길 　내말
　　　　　　　　　　　김수제

시력도 아스라 해져 과연으로
덜어지는 　왕혼 死水申같
은 어둠이 스멀스멀 기어나오고
　　　　　　　　　　　김수제

서녘 하늘에 붉은 노을 어둑
해지면 ... 때는 남녘
으로 둥지 ...아 떨어 진다
그늘제

慈雨

포근한 가슴이 하늘로부터 내려와
깊숙히 품고 젖비를 내뱉니다
상사월 다 왔무렵 혼내 물씬한
그늘제

새 알들에는 촉촉한 젖 흘리면서
웃음 소리가 숲마다 왈마다 출렁임
너라 한꺼번에 솟아 내리면
그늘제

아가가 젖 제할까 가랑가랑
내리는 慈 雨 아가들의 까
르륵 행복한 웃음 소리가
강추제

숲마다 계곡들도 흥겨워 노래
부르며 줄줄이 줄줄이 뛰어갑니다
강추제

山菊!
춘삼월 봄통도 마다하고 철서리
흐연 가을산길에 홀로피어
사랑으로 따사로운 눈길어쩌어도
강추제

그 형상을 밝게 살피면 늙어도
밝고 곱다는 설백 남기고
가는 산국화~   송제

노후!
뜨거운 정열도 식어가는 노년
기억도 시력도 실낱지처럼 아득
라 ~해진 위태로운 몇 발자국
                    송제

앙상~한 빈가지에 마지막 한잎은
집나간 외둥이를 기다리는 어미의
마음~ 한자락 바람에 위태롭다
                    송제

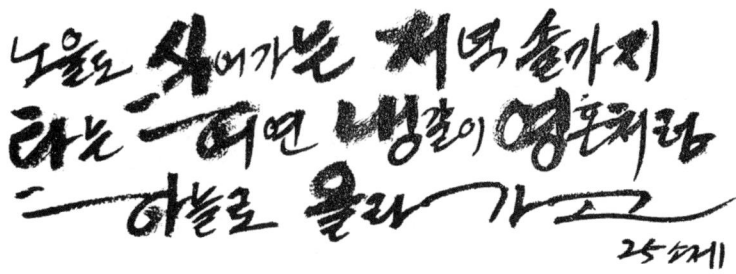

노을로 식어가는 저녁 솔가지

타는 ― 하면 냉골이 영혼처럼

― 하늘로 올라 가고

25번째

시린 바람 한줄기 어두운山

그림자 물들어 괴기한

두려움에 어미눈물은 기어히

26번째

어둠 속으로 떨어져 내렸다

25번째

가는 동짓달!

그 한해 삶이를 정리하고
과자 갈곳으로 보내는
의산 그 없던 동짓달
강호제

키우고 읽히고 마무리 지우는
서러운 달 그 것이 삶
이라 그 그런것이 세상이라고
강호제

그 행동으로 설하는 무정설법
온전한 채풍(彩風)은 제몸 부끄러워
그래 무를수 어요어
강호제

385

상처로 얼룩진 ㄱ 누굴 앙상히
아픈 삶 흔적으로 노래하며 잘
살아 왔노라며 쉼표로 누운 낙엽
곽노제

아낌없이 마소이 自身을 불태우는
삶은 ㄱ 어무하지 않아
곽노제

동짓달 새 길에 ㄱ한해 얼지가
빼곡히 적힌 사연들 흐미한
기억속으로 사라져 가는 동짓달
곽노제

동짓날 마 침표는 빗방울로 찍

없다 가을 환송인가

겨울 환영의 눈물인가
　　　　　　　고두수제

묶은 세월 쥐고는 새것을 줄수

없어 가을흔적 지우는

넝정한 天理
　　　　　　고두수제

떠나온 개지끝 菊 그미련못

버려 밤새 뒤 되이는 성성한

잎들 살아온 축억 잊지 못해
　　　　　　고두수제

강밤을 지새우는 낙엽들 장재
우는 늦비가 성성한 낙엽들
토닥 토닥 잠 재운다 2507제

큰 말도 향기도 있는 새는
거리는 숨소리 막게 지우는
전의 따라 잠든 낙엽들 2507제

바람을 동반한 늦가을 어느
남은 가을은 물 그림으로 끝냈다. 2507제

섣달 속에서 !
떨어질 잎들은 떨어지고 핏줄같은
살 가지는 봄소식 기다리는 하늘
그 향한 안테나들 — 김남제

바람은 휘이 휘휘 파람 불며 나무
사이를 소리며 다닌다 마른
잎 그 하나 기어히 져 내렸다
그남제

시릿발 지표는 솜뭉치럼 모를
어 기묘한 봉우리를 연출하고
어름 동으로 들어 왔다
그남제

389

자신을 죽여 ～ 해본다 언땅에서
구절초 뿌리는 보얀 새순 키우고
목련 가지끝은 꽃망 품었다
고추제

뜰앞 홍매도 꽃봉을 움두져
럼 맺 ～ 여 봄을 준비하는
소리 두근두근 들려온다
고추제

自然 ～ 은 가을가기 무섭게
겨울넘어 봄을 준비한다 ～
고추제

춘베그하는 자는 기회를 잡고
그대가 이르면 꽃을 피운다
강세

맘의 쉴;쉴 배문은
사방에서 설비중이다
강세

人솔갑 !
봄갈 겉는다 차게운 땅을 둘고오
르느건 이른 봄바람에 어린
순이 봄을 이르켜
강세

꽃시샘 언손 부릅터도 한목숨
노칠수 없었다 이악물고
넘겨온 날들 아릅고시려다
　　　　　　　　간수제

남풍에 지느래 피고 부산한
벌나비 방문으로 열매맺어
폭우 비바람 이겨내는길
　　　　　　　　간수제

혼신으로 받은 열매 열손가락으로
틀어잡고 놓치 말아야 가을
을 맏발수 없ㅇ——ㅣ
　　　　　　　　간수제

마지막 ⟶ 비록 엷은 회오리 님
기 그 사이 꽃등 같은 열매들
가을 좋은날 남기고 떠나야해
                            2능화시

서녁멀리 붉은 ⟶ 황혼 아스라 한 時
녁 속으로 가야하는 언덕에서
뒤 돌아 본다 ⟶
                            2능화시

비틀거리며 쏘아온 어지러히
쳐 온 발자국에 황혼이 곱다
                            2능화시

丹楓 一한잎 ·

천사가 내려라 세상에서 가장 아름
다운 단풍잎 찾어오라 명을 받고
　가을 지상에 내렸다
　　　　　　　　　　강효지

가을나에엔 휘청찬란 한가을빛
　안창 곱게 물들어 가고있었다
천사는 불타는 가을에 丹楓잎
　　　　　　　　　　강효지

울긋불긋 노랗고 고운 단풍들에
지고 다니며 丹楓 한잎 찾아
　　　예떤다
　　　　　　　　　　강효지

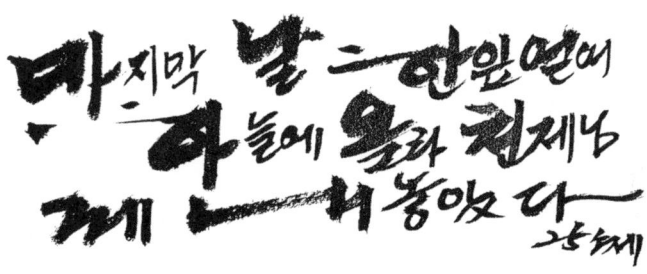

금 강산 설악산 丹楓 내장산
丹楓 山을 떼메고 춤췄다
　　　　　　　　간수제

마 지막 날 二 한 잎 연에
하 늘에 올라 천제님
께 한 ── 너 놓았다 ──
　　　　　　　　간수제

아프고 찢기고 병들어 저승 헌
성성 한데 모둥어 한쪽 지에
휘 창한 丹楓 물들어 곱다
　　　　　　　　간수제

아픔과 고난을 아껴 내고 남은
이 쪽으로 가을을 흠뻑 찬양하
고 삶을 노래한 用風이였다
　　　　　　　　　　　　　　2등수제

삶이!
한세상 살아 보니 삶이란 힘들고
어렵고 고달펐기 때문에
살아 볼만한 생이였어
　　　　　　　　　　　　　　2등수제

삶이 노력 없인 쉽게 풀릴수
없는 삶이라면 여기까지
가을 뛰게 올수 없었을게야
　　　　　　　　　　　　　　2등수제

삶을 쉽게 살려 낭비말라
그대와 여경은 그 향기로운
꽃을 피우기 위해 준비 된것

그는제

삶이 아름답고 고귀한 것은
아름답게 피워올린 보람이
있기 때문이지   그는제

四月
자본 그향 설가신듯 자부의 젖
나들이 새살림 내음 왕지마
자락에 꽃 그처럼 되고
그는제

물오른 달큰한 향 걸음걸
이 사븐사븐 햇살 받은
알숲에 윤슬이 반짝인다
255제

새푸른 숲속 짝 찾는 봄새는
여기 저기 부리마다 경쾌하
고 어느새 봄은 따갑고
255제

그늘이 손짓 하여 앞산 좌우
보노라니 망망초록 대해의
섬에 나풀로도 외롭지 않고
255제

내가 좋아 일부러 찾는곳은 저
올도 녹원일진데 한가로
운 마음자리 봄바람 너그럽다
　　　　　　　　　그동제

米壽가 눈앞에 다가온 미소짓는
이지음 홀로서 평안한 時節
찾는자가 누리는 고요한행복
　　　　　　　　　그동제

지금으로도 싫어어어어는듯
항이 너울지는 초록물결
잔잔해 마음에 내려앉는
　　　　　　　　　그동제

399

초록 마음 바람 따라 까만
가만 쓰담아 본다 ─
                              각혜제

홍시!
겨울 뜨락에 꽃등 체럼 익은감
겨울 속 꽃으로 피었습니다
                              각혜제

말랑 ─ 하고 달달 한것
    같습니다 ─
                              각혜제

봄부터 여름 가을을건너 오기
까지 서두르지도 게으르지도않
게 自然의 질서 따라 살아온감
간혹제

겨울속 가지끝에 매달려
無情說法 좀 애니다
간혹제

서둘러 악지도말고 억지로
억지도 말 애써낼
달 해지려 하지도 말라
간혹제

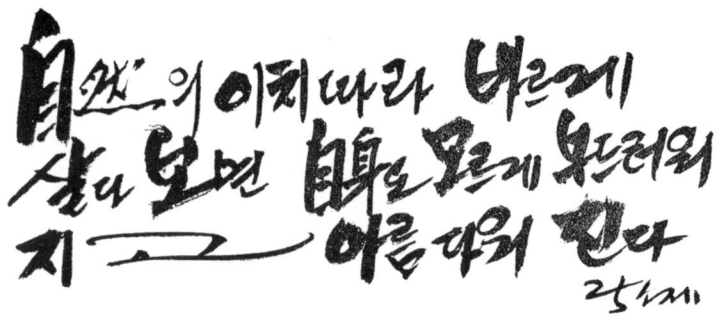

自然의 이치따라 바르게
살다 보면 自身도 모르게 부드러워
지고 아름다워 진다
간송제

신날 어둠에 홀로씨서 설
잠어이 설하는 밥없는
情을 듣는 어이 듣는다
간송제

世上은
梅花는 가물 끝자락부터 목련은
앉진자리 턱위루 강숙히 봄꿈
을 키우 았었다
간송제

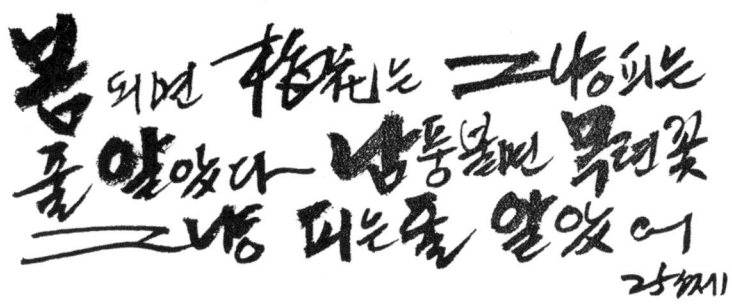

봄 되면 철쭉는 그냥 되는
줄 알았다 날 풀리면 무더기꽃
그냥 피는줄 알았어

봄은 그냥 오지 않고 꿈
꾸고 준비된 가슴에 온다

겨울을 넣어 그 하는 가슴에 봄
은 오지 않고 준비 하지
않는 가슴엔 봄은 오지 않는다

매화는 그 행동으로 절하고
목련은 실천으로 꽃피어난다
강은제

행동되지 않는 절학은
그 여망한 괭의 소리오
강은제

실천 되지 않는 眞理는
향기 어없는 꽃그림자
강은제

自然=神 ！
神이 있다면 自然의 법칙을
신이라 부를 것이다
간호제

태풍 폭우, 화산, 쓰나미,
모든 흐름은 自然의 法 집행
이다
간호제

自然=法 ！
神은 人間을 인지=하지 않는다
人間도 自然의 일부이니
모든 일이 인연따라 일어난다
간호제

오직 自然 法에 합당할때
 인과 밖으로 펼쳐가
수어 진다
 25세제

꿈의 意志!
물은 바다를 꿈꾸며 낮은곳으로 의지
를두 참a-성이 흐른다
보면 총래 바다에 이르게 된다
 25세제

해석!
 해석 따라 천국, 지옥,이
바뀐다
 25세제
인생은 그 해석 이다.

운명론에 빠지면 나태해지고
마음 어진 틀속에 갇히면
이미 늙어 버린것
근호제

의심 어없고 젊은이 여
이 받아 살면 어둠에 갇힌다
근호제

한계를 극복 하고 오늘의
새싹 돋으려는 날개다
행동으로 산다
근호제

신세계는 나를 맞이 하는네
되였으니 날마다 어제를
벗 ㅡ 앞으로 나아가리

살아간다는것은 ㅡ 한 生覺 속에
있는것 꽃진다 아쉬워 말까
꽃진자리 열매 맺을것

살아보니 !
人生은 소낙비 처럼 틈음없이
왔다가 언제 왔느냐는듯
뚝! 그치는 人生

부귀는 꽃 구름 무상으로 피고지는
구름 처럼 한 세상
우리 삶도 무상 하더라
　　　　　　　　　관촉제

得意

마음은 마음으로 여는다
　　　　　　　　　관촉제

감사를 모르며 못다쓴 재물에 목숨
을 걸고 부정한 방법으로
차지하고 만족을 모르는 것이다
　　　　　　　　　관촉제

자연 사는 것!

自己 능력따라 땀 흘려 일하
고 —— 주어진 것에 감사하며
계절 따라 즐기며 사는것이다
그눈게세

운룡매!

겨울에 내리는 눈 새벽은 멀고
밤은 깊은데 세월 깨엄
~~~~ 서있는 구름용 매가지
그눈게세

백조가 날아와 흰 봄을 부른다
겨울은 아직 반환점도 멀었
는데 노랑~한 운룡매가
그눈게세

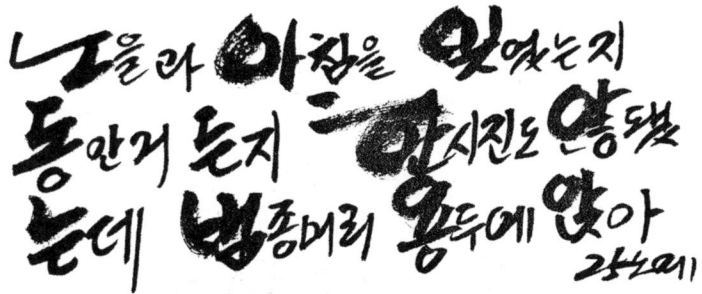

느을라 아참을 잊엿는지
동만거 듣지 얄시진도 안됏
는데 벼쫑다리 옹두에 앉아
　　　　　　그그제

그하안 옾음 웅켜 잡는다
　　　　　25재

겨울비!
연을 어았는 불겅갱객 아낭
거듬 거리 ﹀ 발자국 찍으며
거울어 오는 겨을비　25재

이면,
무겁고 칙칙한 나날도 안에
그리함 그 한 꺼풀 지우고
보면 그림자 처럼 가볍고
25/6체

마음 뒤집어 보면 결핍과 함
겨움이 주는 새옷은 세상을
봄 할수 있음이리 25/6체

결핍이 갈증을 불러 충만을 향
그래 가는 여정이 삶이라는
걸 이야 25/6체

그래야 삶이 쫄깃해
지 한 세상 살아가
향기가 되어

그냥제

다음으로 가슴에 남는
거야

그냥제

담쟁이!
밑밑한 낯짝이 왕뚱으로 서
있는 것은 용서할수 ab지어
오색통 들고 용병 낯짝에기

그냥제

설레임 그리고 배롱꽃 환생
타는 날 선연한 바람 그리다
뻥 뚫린 하늘이 어지러워
　　　　근혜제

낮술 마시고 얼굴이 핼쑥
되도록 취기 가시지 않아
그런 기분 구름타고
　　　　근혜제

휘적 휘적 한을 지며 창백
한 벽판에 열칸만 그려
놓 겨울잠 든다
　　　　근혜제

仙巖노래!

용트림으로 서있는 폭풍 폭등은
오랜 時間이 레코딩된 세월
겹겹술이다
                        간세

둥치의 굴골에는 대웅전 배른
風쇄가 날아 앉아 범종로
겸겸이 ― 화장하다
                        간세

봄이면 천년을 눈처럼 내린
매화가 향기는 넉개가한
자늘넘어 폭폭 낼따지고
                        간세

그 향기 천참 들에서 상대 객 온음
소리와 A미승 눈물이 허공기속
에 별ㄷ처럼 반짝인다
　　　　　　　　　갱화제

겹겹이 쌓인 梅香에 묻힌
긴도가 훌씨 처럼 파랑새 되여
　날아 오르고
　　　　　　　　갱화제

향기에 잠든 장구한 목탁소리
염불소리 무지개 처럼 피여
나 나비 되여 날아 오른다
　　　　　　　　갱화제

천년을 지켜오던 樹은
시력도 가고 청력도 막혀 말
문도 닫고 관절은 헐거워
고목세

절지팡에 의지 해 천년 간
세월 넘겼으나 해마다 매
그 잎은 흰눈처럼 셌이고
고목세

그 향기는 오늘도 천년을
如如 하다 고목세

재물도 自己 그릇에 넘치게
받으면 自身을 쉽게 만든다
　　　　　　　　　　　　고석제

저절로 한 결함은
소금과 같다
　　　　　　　　고석제

古柏
그 신비를 내서테도 변함
없는 그 향기
　　　　　　　　고석제

새 아침!
언제나 내마음이 새마음
잎 내 그대가 새 아침이다
2501세

우리는 날마다 새아침을 맞는
다 날마다 새롭고 어제의사
그 를 벗고 어제보다 감사하자
2501세

신성명!
마음의 인연따라 한소리 일
어나고 바람 자면 허공중
자리 에서 소멸 한다
2501세

419

미워ㄹ 하면 지옥이요
사랑ㄹ 하면 천국이다
　　　　　　　간호제

自然은 포악ㄹ 하지도
자비 하지도 않는다
　　　　　　　간호제

오르막 自骨體가 내리막 이듯
살아 간다는 것이 죽어가는 것이다
　　　　　　　간호제

그 허공에 찍은 지문도
지워지지 않는다
　　　　　　　　　　노동제

네 꿈에 간절함 있는냐
집중하고 집중하면
작은 기회도 포착되리니
　　　　　　　　　　노동제

오늘은 언제나 그리움 되고
삶도 모두가 그리움 된다
　　　　　　　　　　노동제

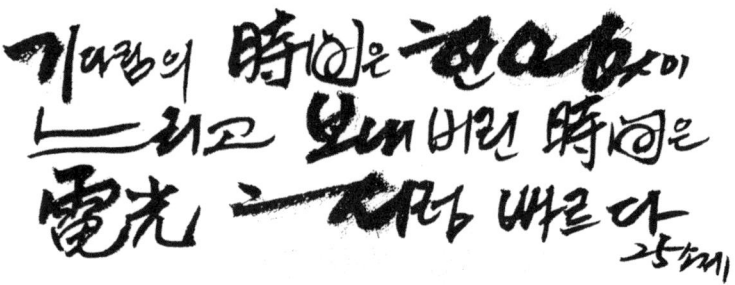

기다림의 時間은 한없이
느리고 보내 버린 時間은
電光 처럼 빠르다
김용제

외로움 뒤에는 반드시
행복이 도사려 있다
김용제

능가寺!
백일홍 피는 날 능가寺 도량에
금목서 은목서 향에 사태질
거라
김용제

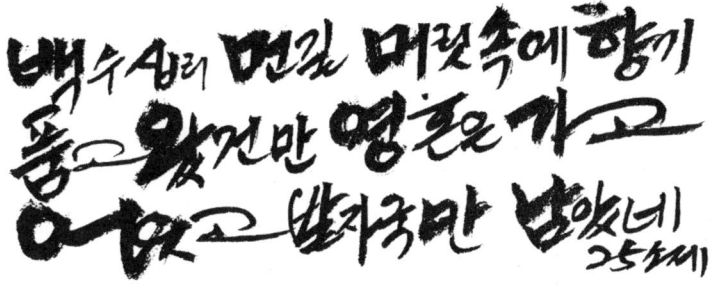

백수상리 먼길 머릿 속에 함께
풀 왔건만 영혼은 가고
어 빗 발자국만 남았네
그룹회제

歲月 아직이 꺼어가는 세상
온 나를 기다려 주지 않았다
時間은 인연따라 흐를때
그룹회제

기회는 준비된 자에게 주어
지는것 애타게 원하거든
늘 때에 있으라 그룹회제

기회는 깨여 있을때 내곁
에 앉을것이니 어느구름
에 비 돌아앉으라   같세

어떤 바람에 꽃 돌아 오르라
꽃진 뎬도랑은 적막한데
다독이는 풍경소리만들리고
                        같세

깨이지 못한 잠 자인드 여며
드 여공먹 고 철마 돌려
줄밭 드새로 돌아 왔다
                        같세

그 독 !

그 독은 금강의 원석 다듬어
지지 않은 ㄴ 들것이다 고독은
가능성 품고 있는 허공이다
고송제

ㄴ허공 품에서 꽃 피워 내고
정으로 쪼아 ㄴ 詩를 깎고
영혼을 불만 ㄴ 하리니
고송제

나의 노래 부르며 나의 춘추
면 ㄴ내가 바라는 꽃 피워
볼수 있는 좋은 것이다
고송제

425

밭바닥에 머물 쩌여 신명이
호 풀이 선지위에 한세상
울 웃는 영혼을 산란하리
그룹제

여름꽃!
봄 바람에 피는 꽃만 꽃이라
외면 홀대 해도 의지
굽히지 않는 삶을 사랑한다
그룹제

옥토에 떨어져 피워올린 꽃
이라 면 누가 뿌리에
박수 하나 쳐러 나
그룹기

걸어 설수 없는 외다리로
그 진리를 걷는 그대 앞에
마음 모아 그 께 죽인다

아무도 씨 뿌리지 않는 동토에
뿌리 담그고 하늘의 소명
이뤄 내어는 걸음

그대 숨긴 눈물 앞에
어이 옷깃 여미지 않으랴

427

냇갈,
어둑한 씨김에 살 돌이로 풀어
오르는 — 어면 냇갈은
나무들의 영혼이다 —
그는제

진수를 삶았든 태풍에 꺾이어
왔든 — 그의 숨을 태운다
그는제

꽃이 타 — 대탐이 타고 소나기
가 타고 천둥 소리가 탄
다 마지막 가는길 얾힌 사랑도
그는제

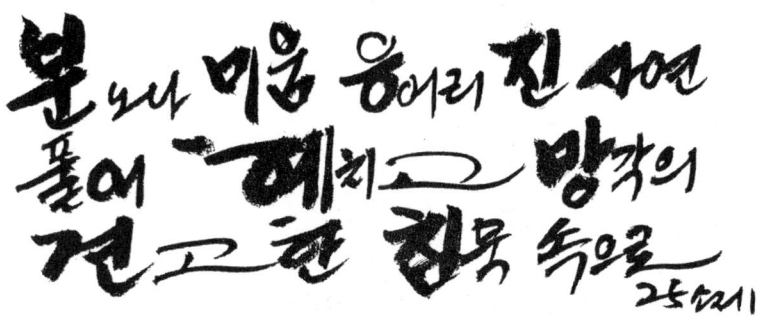

분노나 미움 응어리 진 사연
풀어 헤치~ 망각의
견고한 침묵 속으로
2등 수제

어둠의 동굴 지나 허공 속으로
산 ~ 와 되어 간다
2등 수제

어떻게 살았든 땅속 속으로
한 발짝도 이동 하수 없는
몸이 풀려 허연 별밭으로 난다
2등 수제

무한 自由로 나는 날 바람에
올라 앉아 마음보다 가볍게
세상 유랑 떠난다 갈뫼제

바람의 魂 ·

투명 하여 그림자 없는
바람처럼 끝 없어도
떠다니는 영혼처럼 갈뫼제

유영 하는 自由 매이지
않으려면 그림자가
가벼워야 갈뫼제

묶이지 않으려면 生質이
깨어 있어야 하고 自由로
우려면 허공같은 무심함과
노래

내 노래가 있어야 할수
않는 일이지 自由로 살어도
아까운 양심을 노래

욕망에 묶여 살고 고무레
꿰어 살아서야 어디 될말
이던가 노래

神性!

내가 미숙言할때 젖물려 일으
키시고── 잘을 알기 전신
이 먼지 나를 만났다 그랬게

너가 넘어지고 실수해
도 미소 지우지 않으시고
오래 기다려 주시 그랬게

내가 목마를 때 물그릇 나에게
먼지 내어주며 무지개 보다 고운
눈 빛으로 希望을 넣어주고 드랬게

무거운 짐에 짓눌릴때 내 짐을져
自身이 머릿짐에 더없으며 自
身보다 나를먼저 살피시ㄱ
그누구게

내가 여기찾을때 살필때
어쩌듯 그냥 여기를 먼저
채워 주시는 무진한 마음
그누구게

내가 좌절해 무너질때 무명
치마 걸음마다 그절심의 힘으기
로 감싸 안아 토닥여 주시더니
그누구게

433

내가 ～ 내깊은 잘때 안께
걷는 이듯 나를두 ➛
홀연히 떠나셨나
각수제

자～하! !

겨울 ～하낮이 小한의 머리밝고
바다 건어가는 오후 白玉 희
찻잔에 녹차를 ㄴ내린다
각수제

파르스름～한 빛이 봄볕에 반짝이고
재재이는 새소리 들려오면
자 섬은 송송이 돌아오른다
각수제

산수유 노란 꽃 앞이 차원에 스며들
고 매화 향기가 차 밭에 가득하여
꽃 잔속 배향도 어우러 피어 난다
강순제

차 한잔 앞둔 애인 눈동자를 맑
암지이도 밝어가 오고가는 시간
차 향은 두 가슴을 한색으로 물들이고
강순제

두 사랑은 아니되고 향기는
세월 거슬러 초의 후자 다담
자리 피는 홍을 알 게해
강순제

435

僧!山 경계도 허물어 한마음
에 젖─게 한다─ 사랑을
넘나드는 ─차 한잔이
간소제

옛 남들 풍류와 담담한 멋
스러움이 ─내 앞에
詩 은 새상 펼친다─
간소제

이슬:향기!
이슬은 ─차머믄 자리는 흔석도 밤
자죽도 ─남기지 않아 걸림
없는 ─ 허공 날며
간소제

구름 되다가 빗물 되다가
끝 어없는 몸바뀌 무한
세상을 유영 한다
27세

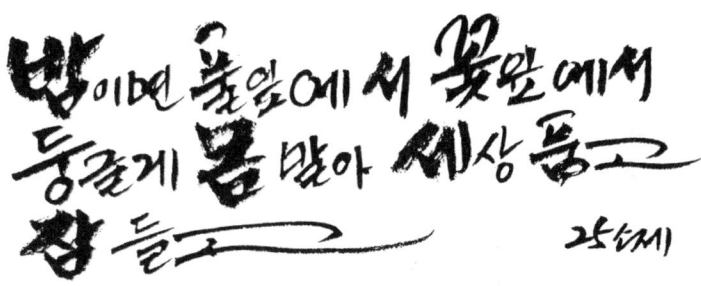

밤이면 풀잎에서 꽃잎에서
둥글게 몸 닳아 세상 품고
잠 들고
26세

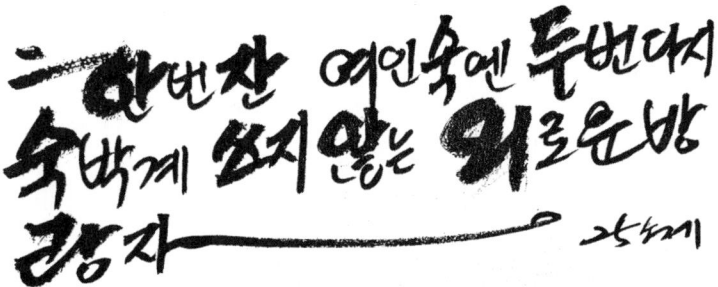

二 한번 잔 여인숙엔 두번다시
숙박게 쓰지 않는 외로운 방
랑자
26세

동산에 아침해 돌아 오르면
품엇던 靑山 돌려 놓고
빈 몸으로 날아 오른다 김순제

천년 고목!
세상 삶이가 사랑만 그달은것
아니다 귀막고 눈막고 입막고
저년 살아 보니 남는건 김순제

오장이 녹아내린 개데기 빤
이어라 그밤다 숨쒸 바라
래도 봄꽃피어 좋어라 김순제

여름 숲이 무더기라 두려움 말라
매미소리 개울소리 거문고
가얏고 소리보다 고웁더라
　　　　　　　　　　　　관송제

세월간다 설위마라 가을
丹楓에 푸른 하늘 붉은잎
맺 잎어 참만 하더라
　　　　　　　　　　　관송제

눈고 어다 막고 살아도성
한 복장 어엿는것
봐라 사랑이야 열고 살아가니
　　　　　　　　　　　관송제

속여야 견디 않는건 장한이
치지 그힘들고 고통허도
사계가 있어 위로 받고 살았다
　　　　　　2동현제

사람으로 나기 어려운데 사람
으로 태어 났으니 그 만한
댓가는 푸념 말고 살아라
　　　　　　2동현제

無絃琴 !
붓자는 어 설퍼 봄별에 반짝이는
작은 새소리 에이 적어 옮기나
돌틈 비집고 흐르는 계곡수 노래
　　　　　　2동현제

어떻게 오선지에 그려보나
명인의 거문고 소리 눈부셔
떨어지는 물방울 보다 고울까
간느제

찔레꽃 피는 언덕 새초록 숲에서
우는 뻐꾹새 소리 하늘높이 밝히듯
높이떠 아릉이는 종다리 노래
간느제

오월 꽃밭에 빗방울 듣고 江물이
낮은음으로 노래 하는 세상 총랑우거
지고 자꽉 자잘 흐르는
간느제

거연정에 앉아 햇종은 녹차한잔
나서어 놓고 천상천하
무... 연금 소리 들으며 근수제

마시는 茶— 한잔 이승에서
맛보는 최상의 호사로다
                    근수제

빈둥지·
밝고 여름한 새 집벽은 햇둥어지
    기둥 내려 앉아 작은 제가
둥지에 노란부리들 앞다퉈 어빠리고
                    근수제

자기 닮라고 떼쓰는 소리 들려
온다 훈훈한 내랑불고 봄비
내리면 산유화 향기 알렁이고
　　　　　　　　　　　그날에게

어미새 날개는 과부하 걸리고
바쁜 눈동자 숨가쁜 時間을
지나가고 어미의 무리는
　　　　　　　　　　　그날에게

둥지를 짓무르고 깃털도 낡
아 날지 못 하는데 애들은
모두 떠나고 어미홀로
　　　　　　　　　　　그날에게

어디서 고독자는 했을까
새끼들 똥 흔적에서 어미새
고 닮품만 밝은 둥지에 고여앉다
2호제

梅香茶 !

어둠 건너와 새벽을 여는 흰매화
가 핀다 동트기 전 사방은 긴장
으로 가득하고 칼날 바람이
2호제

촛살이 훑고 가는길 엽부로 별수
어딨는 냉정 함에 숨죽이
고 기회를 모색 하는 김
2호제

한폭 던지는 투사 시인 매화가
섰다 초당을 나와 매화 찾아
나가면 梅香이 먼저와
강남제

카중 나오고 梅花는
깊은 미소로 너를 바라본다
강남제시

三月

삼월이 오면 철새는 삭풍 멀리
북으로 가고 강남제비는 봄편지
물고 이 땅에 돌아오면
강남제

춘비 끝낸 봄순을 출발선 위로라도
받은 듯 앉다퉈 꽃 피어 오른다
남녘으로 누려 밀고 오르는
　　　　　　　　　　25순례

연록의 밑물들 사방에서 심장
뛰는 초리 쿵쾅이고 순전 오른
장 마냥 부산스런 손짓 발짓
　　　　　　　　　　25순례

몸짓들 야단스럽고 봄볕
한 조각도 천금처럼 받아
품　　　　　　꿈씨앗 뿌린다
　　　　　　　　　　25순례

꽃 마다 아지랑이 아롱대는 하
늘 종다리 노래 밭두렁 마다
줄이어 피어나는 하얀 초롱꽃

개울물도 장단 맞춰 들틈에서
찰 찰 술술이 꽃봉터대는 소리
일렁서 같은 노랑 화상

春心이 동하여 우담바라
꽃 그한송이 가슴에 꽃았구나

낙엽 태우며 /

수런수런 두런거리는 말을 정갑되
어 모여든 문병들 그리하
그 함을 물고 사연을 문고
고승제

마삭 태풍대 어떻게 견뎠느냐
처 에서 모여든 같은 운명 앞
에 거정되는 설렘 자잘한 이야기들
고승제

살아온 삶의 흔적을 정리그하며
이 제는 모두 잊을 時 日 흔적
을 지우는 것이다
고승제

지금 그들은 땅위로 와서 고요로
가는 성례를 치루고 있어
모든 인생은 한줄기 연기로 간다
그렇게)

하루!
그 인생을 사는것이 하루를 사는
것이더라 하루삶이 오늘 네게만
살아보라 내려주는 축복이더라
그렇게

언제 까지 준다는 보장어없이
오늘만 줘 보라 그 하루를 준다
그렇게

449

어떻게 쓰건 그건 네 맘 몫이
그 오늘 그 하는것 봐서야
내일이 않다
                              2축4제

오늘 준비 하면 내일을 기회
를 주 오늘 허투로 쓰면
내일 그 어무를 준다
                              2축4제

오늘 꽃씨 뿌리면 내일우 꽃을
주 오늘 땀 흘리면
내일 보람을 준다
                              2축4제

앞~ 보면 오늘으 하루가 내일
섬이더라 靑山 초목들은 겨울
속에서 봄을 준비~ 한다
간호제

看蘭!
춘월이면 많은 군난이 핀다
이슬머그 피는꽃 이슬처럼 맑
은으 향 간호제

그녀 웃으매에 맺힌 수정한
방울 산화으 애가되 차실
가득한 그잔 상의 香기
간호제

451

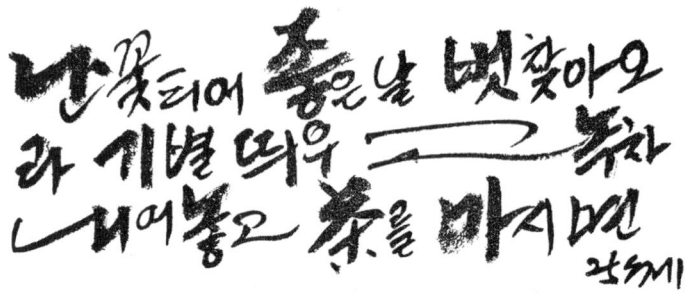

난 꽃피어 좋은날 벗찾아오
라 기별 띄우고 녹차
내어놓고 茶를 마시면 23수제

주 반은 정담마다 차향
인지 난향인지 山 그림자
멀어져도 해지는 줄 몰라 23수제

공원 벤치!
소슬바람 부는날 丹楓 한잎
공원 벤치에 살며시 내려 앉았
다 시든 화초 향이 벤치에 앉아 24수제

품어 주듯 잘라... 한 겁은 실버
그리이 풀어놓고 떠난뒤 꽃잎
은 정춘 둘이 앉아 오색 안개
　　　　　　　　　강순제

아지랑이 봄을 나눠며 그 꽃잎을
날리다 꼭 손잡고 떠났소
단풍 물든날 호로에 놓인 마른잎으로
　　　　앉아—　　강순제

그 애 묻어 놓는 아모니카 소리 부려
놓고 떠난뒤 하늘만 바라보는
저 빈 의자위 살풋 내려앉은 낙엽
　　　　　　　　　강순제

453

벤취에 누워 두고온 가지들 추시
하며 지난 삶을 추억 한다
월계역에 노모 모시고 와
25소제

의자에 앉혀드리고 떠난뒤
노을이 어둑— 해지고 어둠이
밀려 오는 아들 떠난쪽 —향해
25소제

노모는 —흐린시력 그렁한
눈을 공료의 벽에 박아둔다
25소제

내 이름 장미!

계절의 여왕 걸음이 예뻤을 때
그 눈속 白雪송이 사방에서
소나기 쏟아 내릴 때도
25세

혈관에 흐르던 붉은 장미 나뭇잎을
홀로 품어 온몸이 붉어 질 때도
내 이름은 장미 25세

白雪이 펄펄 날리고 서릿발
성성할 때 천명 다하여
떨쳐 날 때도
25세

한 아름 몸이의 째무로 매달려
미이라가 되어도 내이름 장미
내가 한평생 살아온 행언이
　　　　　　　　　　　그능채

모두 이름속에 삶인다 내가
세상 떠난 후에도 나를대변
할 것은 오직 ㄴ내이름
　　　　　　　　　　　그능채

너의 이름을 옥되게 쓰지말라
오직 하늘아래 너가 앉을
뿐이다
　　　　　　　　　　　그능채

인연은 맺을수록 번뇌는
늘어 간다
　　　　　　　　　그날제

흫 살거라 !

술취한 파충류 흐물흐물 기어가
는 길 뿌리를 거부당한 빙산의
가슴 폐도된 양도
　　　　　　　　　그날제

늘 바퀴 앞에 똘망한 도토리
한알 야동 겨울 정월
냉정에 성한놈 야동으리
　　　　　　　　　그날제

457

벌레 먹었거나 속빈놈들 뿐인데
이녀석 귀 대어 들어 보니
두근 거리는 소리와 푸른 가슴으로   강옥제

막대는 놓아 세워 놀란 눈동자
둥지 빈 거린다 自己 운명이 경적
울음 악 앉겠 지만   강옥제

뿌리 밭을수 어엿 는것 직감해
살수 없없는 비 산걸에 죽음
막 앉다는 걸 알아 그에게는   강옥제

두려웠지만 너의눈에 들었으
니 걱정마라 인증샷 찍고
뿌리 내릴곳 에 던져 줄게
　　　　　　　　　　　　　25세

바 위에 없: 어놓고 꽃 찍고
　　　흙숲 멀리 던져 했다
　　　　　　　　　　　　　25세

이제는 너의꿈이다
뿌리내려 잘 살 거라
　　　　　　　　　　　　　25세

459

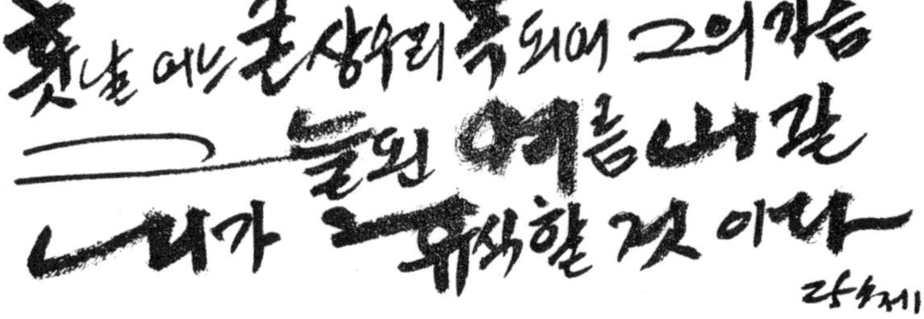
훗날 어느 곳 상우리 묶되어 그의 가슴
늘된 여름내 같
니가 유착할 것이다

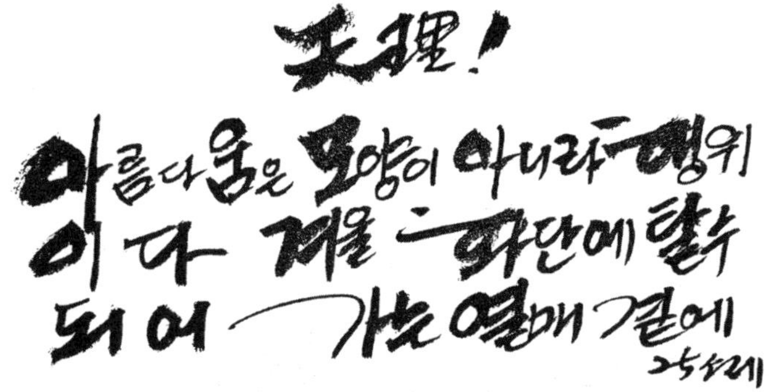
天理!
아름다움은 모양이 아니라 행위
이다 겨울 화단에 퇴수
되어 가는 열매 곁에

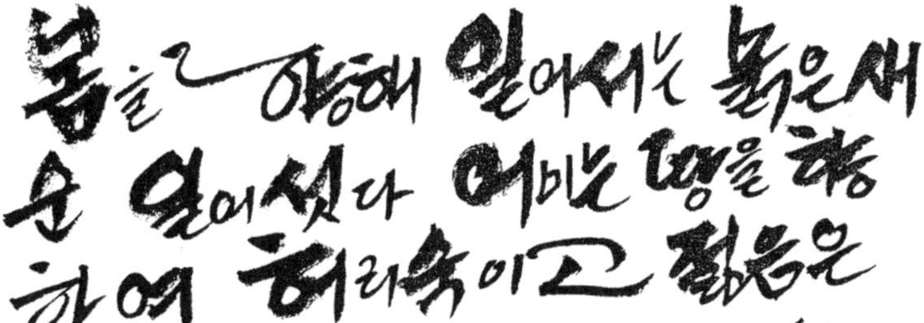
봄을 향해 일어서는 붉은 새
순 일어섰다 어미는 땅을 향
하여 허리숙이고 젊음은

하늘 그를해 읽어 섯의 이러한
이치가 天理이거늘 어찜누어 허
리굽고 눈어둠을 어어한하리
　　　　　　　　　2일 추제

내가 꽃피던 자리 후세가 꽃피우
ㅡ 열매 맺을것이니
내사 부모님 가신곳 찾아올라
　　　　　　　　　2일추제

아름다운 세상 잘 돌아올려 놓
ㅡ 왔노라 말씀 올리고
먼저 가신 부모님의 지극한 평화
　　　　　　　　　2일추제

나에게도 임 하려니 온세상
살고 죽는것이 영글한 꿈
하나 탕 꾸는것 이더라
각설제

꿈 !
봄꽃은 남으로 부터 올라오고 가을
丹楓은 북으로 부터 내려온다 自
然, 은 天理따라 끝내지만
각설제

사 람은 의지 따라 끝을 ㄴ 낸다
가슴에 꽃을 품은 사람은 말라
ㅁ 딩동에서 끝내 낼것 이고
각설제

가시돋은 사람 가지로 남찌르
自身도 찔리운다 꽃뜬 내게거나
가시 받길 내게거나
이노래

自己가 만들고 自己가 누리니
自己의 運命은 自身의 마음과
행동에서 만들어 진다
이노래

산 배 !
삶동 깊은밤 먼 소식 찾으려는
동안에 장밝는 밤새 술들눈에
려 세상 오락 넓혀 간다
이노래

창파와불 홍촉이 눈물로 지고
천지간 그 관리도 어었는
데 눈덮인 梅가지에 번물이는
　　　　　　　　2~셋째

현 망 한참 동안거 끝내고 일어
서는 푸른 만광 아무도 열지않는
어둠세상에 서기어린 첫발
　　　　　　　　2~넷째

내 절한 그 향기 날리어
호미 한 정신 일깨우는
　　　　梅花 그 한 송이 2~5째

설록차!
山막은 연일 내리는 눈에 묻혀
설국속 동물되고 山길도 막혀
독에 갇혔다
25 수제

오늘같은 밤에 석간수 길러 올곳
어어엇어 눈 한바가지 철병에
넣어 장 숯되위 찻물 올리면
25 수제

시베리아 설풍은 茶병에 서울
눈물은 茶물되어 녹차 맑은 꼬리
안 봄풀며 그윽한 차향속에
25 수제

산새소리 개울소리 淸山의 향기
또랑또랑 들려온다 차 한잔
앞에 두고 눈감으면 별 나비
　　　　　　　　　　2동재

날개짓 ㅎ고 天地의 봄 향기
코끝에서 어롱이고 뱃소식
어ㅎ고 세상소리 품어져도
　　　　　　　　　　2동재

봄볕 따사한 소리 영화. 도화. 피어
나는 소리 뱃뇌어 들려오니 차
한모금 목 넘기면 뻐꾹새 소리
　　　　　　　　　　2동재

뻐꾹 뻐꾹 울며 가버려 온몸
혼란 따라 차랑떤진다
25노래

겨울꽃 !

꽃등이 앞이 겼다 겼다 꽃목지
문제 엎되어 삼동바람에
춤춘다 꽃만 꽃이라
25노래

살아 멈춰버린 저모습도 곱구나
동진주 망개 몇몇 죽정이로
누오 해도 꽃보다 붉게 반착
이
25노래

467

겨울 길목에 銀빛 수만가락이 청
청 되어 휘이 휘이 거리며 바람의
연주 따라 춤추기 바쁘고
　　　　　　　　　　　２５０세

하늘 구름나라 무뤄진 회꽃잎
펄펄 날리는 꽃잎들 꽃 들,
초목에 초복 아녔지
　　　　　　　　　　　２５０세

꽃 가시킨 어이 머다는 달모증 상해
촉 가고 전생 못맺을 님연가
어름바위 꺼 안고 동상임는 마추굴
　　　　　　　　　　　２５０세

춘3月 꽃만 꽃이랴 겨울산길
에 모습 다른 마른 꽃란 홀로
걸어도 내 가슴은 외롭지 않아
25ㅎㅈ세

서리 달빛 써늘한 바람
섬돌가 귀뚜리 울어 대는 밤
25ㅎ세

동!
대양 犬ㅑ어가 하늘에 올라
무리한 세상 살핀다 내 질서
침범자는 용서치 않아 2ㅎ세

물덩이 머거를 가슴속 전광 번쩍
이그 ___ 왕머리 장동 읽으키며
거대한 용용를 지원간 모검하여
　　　　　　　　　　2층재

바다 뒤집으며 꾸르릉! 새천녀에
모호하여 큰 비바람 맞이는 여도
쓰나미로 솜에 점리할 것이다
　　　　　　　　　　2층재

번개같 번뜩이며 물속에 숨긴 불
꺼내는 것이다 부정된 초목 들
뿌리채 뽑고 죽음누쓰는 山들은
　　　　　　　　　　2층재

뭉개고 밀에 버린다. 낱 물로
본 자들아 물속에 붙 앉음
알라 역리를 가벼히 여기면
간 섯사

진노는 먼 옛길 이었다
순리엔 그 온한 평화로움
역리에기는 묵독한 응징
그뉴제

물속에 붙 앉음을 알라 나는
그으로 하늘로 순행 하여
삶 판 하는 집 행자다.
간누제

외로운 고독은 한 것은
하나되지 못해 외롭다
　　　　　　　그러게

한 生覺 깨치고 보면
天地 만물 모우가 축복이다
　　　　　　　그러게

山길 !
꽃지고 丹楓진 겨울산길
초목이 숙연한 혼자걷는 원시의
길 문자도 언어도 없었다
　　　　　　　그러게

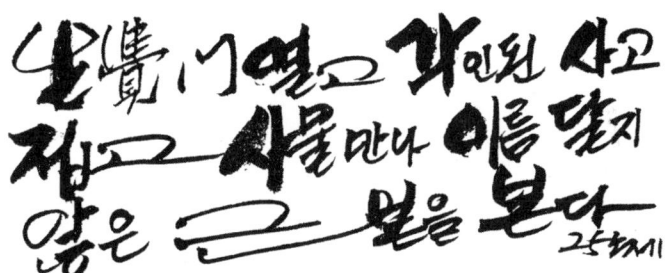

잎 커 단고 生覺으로 가는
길 나혼자 만의 時間이다
그중제

生覺에 열고 각인된 사고
점고 사물만나 아름답지
않은 봄을 본다
그중제

나무는 축회에 몸의 일생을
자리에 숙명으로 살고
무위의 질서 따라 自由로 산다
그중제

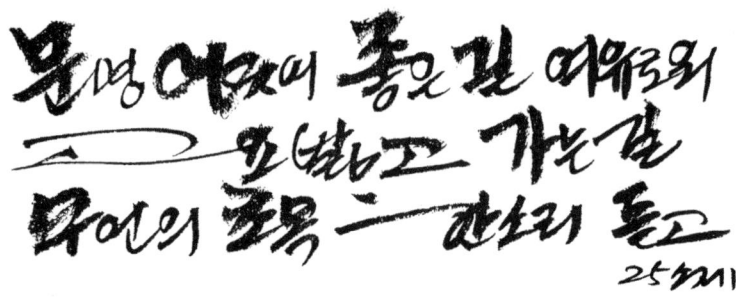

山 너머 异峙 얇은 종소리
잠든 중생 마음을 깨워라
ㅡ 항아리 같은 충직한 음성으로
24수제

감성에 대면 새벽밥 짓는
아낙 어둠 헤치고 불한등이
이ㅡ 집으로 돌아오면
25수제

새벽 안개 속으로 해연 냇물이
승천하면 하늘에 젖은 휘장
서서히 물러가고 왕산 일어서니
26수제

山과들이 일어서며 풀꽃이 잠을
깨 江물도 깨어난다
어둠이 만물을 살란게두고간
그는누제

처처에 새들 지쩌귀
꽃피 江물 흐른다
저기 저들녘에 천의 옷자락
그는누제

아지랭이 사분거리며 오는곳마다
꽃피어나서 女上은 꽃
향기로 일렁거릴 것이다
그는누제

벗!

세상은 늘 꿈속이며 향기는 꽃
보다 곱고 미혹에서 깨이면
모두가 그 행복이다 간송제

의식에도 관영이 있고 그대의 자음
은 그대가 살아온 건강체
이며 그 귀한 향기는 사랑의 향기
간송제

후 약한 냄새도 사람의 냄새
여보게 가끔은 淸山 뜬구름
보면서 가세나
간송제

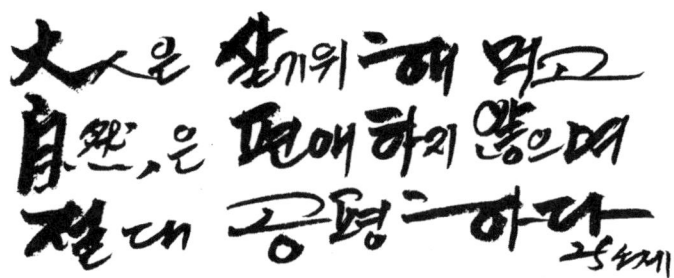

大人은 살기위해 먹고
自然은 편애하지 않으며
절대 공평하다

大人은 떠나는 뒷모습도 아름
답고 흔적 남기지 않아도
그 향기 천하에 가득하다

봄이 온다!
어제 푸른빛 바람 오늘 연홍색
바람 땅속에서 한 살림 푸는
소리 그 한 해의 강이 선다

새벽장 열리듯 선잠깬 눈
으로 난장에 내놓을
소망들 가지끝 땅속마다

손가락 말어올리 며 어린눈내
어 놓게 보자~하고 이편산
길에 앉어서는 가지끝마다

별을 두드리 그 닢깨인
잠이래도 서둘러 일어나
부산 ~ 건 내길

이만큼 저만큼서 성미급한 작은
새 봄볕를 쪼는 부리에서 톡톡
튀어 ━ 나오는 연둣빛들
강순제

봄(春)
윗녘에 눈소식 남녘에 꽃바람
봄오는 산길 오르는 끝에는 걷옷
걷우라 그래서
강순제

볕에 ━ 여기에 묶었다면
우산 ━ 흰천 옥양목 양한
처럼 갈린 산길 사분사분 오르니
강순제

발자국 어요는 설원을 걷듯
첫 걸음 설레임에 봄마중
찾아온 향내가 이리 고운가
                                    2송제

등으로 받는 봄볕에 목도리 벗은
목덜미 누구의 손길이 이리
보드랍— 따사로운지
                                    2송제

나비털 복터 봄볕에 갓꽃이
피어 첫— 향기 오나오다
천성속 신비한 충천러 2송제

오색 어울지게 피어난 꽃터에어
선녀가 날리는 옙감 여지
광이로 너더는 발자국 마다
곽순제

야 피어 난다 누가 이런 꽃별
길 걸어 보냈나요 아무도 모르
게 슬짝 홀로 걷는 봄별 길
곽순제

봄!
바위틈에 둥안기든 겨울이한소식
기 뻣는지 눈물 뚝뚝 떨구고
버들개지 활혈뢴눈 밝혀뜬다
곽순제

계수도 조록 조로록 목청연습
시동— 하고 사방에 잎들 틀이
삐꺽 삐꺽 봄노래 연습중
2등에게

별님도 솟올라 축직한 별
노 려 린다 묵닥고 마음털고
새봄별 여는 광경을 푼다
2등에게

봄수도 노루귀 변산 바람꽃
— 허어리 꽃눈 터지는 소리
하 ㅇ기는 세상으로 날아올라
2등에게

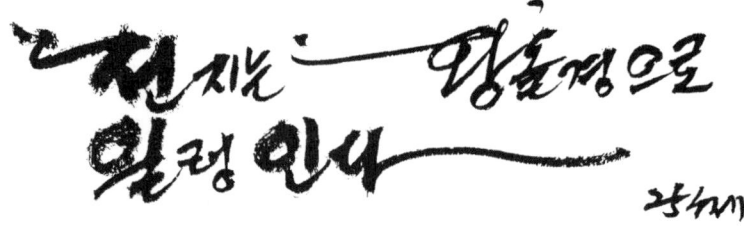

강순제

화엄 華嚴！
해마다 이른 봄이면 향 머금고
꽃 찬대오 한 미소가 피어난다
새벽을 여는 선사의 의문이
강순제

깨쳐지는 이 아침은 세상이
아름답 향기로워라
강순제

정진한 용맹이 의상을 깨트린
사자후 웃다 꽃은 흙에오
바람이며 소낙비 웃음을
　　　　　　　　　근농제

꽃진 자리 열매 맺는다
봄바람에 피는꽃 봄바람에
지는 것이 天理의 法이다
　　　　　　　　　근농제

꽃과 흙이다 사람은 하나이며
한곳에 뿌리내려 함께
살아 가는 한몸임을 알았다
　　　　　　　　　근농제

불타는 정열이 天地의 흔 별
아울려 송이 꽃으로 피어나
세 상을 밝 히는 꽃   그수제

깨이지 않는 정신이 그리
붉은 꽃으로 맺혔는가 눈부신
자태에 전율을 일으킨다   그수제

대오름!
松旧月 둥근 달 구름이 솔밭이라
솔뱃 그리운 달님 오늘밤
솔숲 품에 안겼다   그수제

솔앞에 바람일고 달빛은 안개 비로
유유히 내리는 밤 그냥에 홀
로 앉아 지난정 더듬어 보니
　　　　　　　　　구름제

운간월 고운밤 나홀로 드는 것
자리에 피어나는 꽃향은 가슴에
품은 님께서 보내온 향기로세
　　　　　　　　　구름제

蘿月！
오른 막 ㄴ 내리 막이 한몸이
듯 솜 고나 죽은 한몸이다
　　　　　　　　　구름제

쳐와 별도 한몸이고
행복도 한몸 이어서
나눌수 없었는것이다

一生!

다시는 젊음으로 돌아가고싶진
않아 지구여행 한번 한
것으로 충만히 누리고간다

다시 태어 날땐 없을터이
니 오늘도 하늘땅 볼수
없음이 얼마나큰 행복인가

時間이 생명이라는 것 늦게야
알았 ⟶ 사랑으로 태어
남이 큰 다행임도 알았다
2005제

나 이들어 책임 의무 굴레 벗
어나 연은 홀가분한 시간
에 비로소 연은 自由로운 세상
2005제

生의 여정에 정협 제험속
다 양한 출유진 삶이 즐거운
여행 이였음도 알았다
2005제

꽃이 온다!
숨들어와 지천으로 되는 꽃이라고
그 앞부로 꺾지바라
25세

꽃이 걸어온 길은 수도사의 행내
냄새 o o x는 계절한
그 행의 여령이 옜다
25세

그 화사한 웃음이라고 꽃길로만
온것 아니다 한송이 꽃피우기
까지 실한통 동토 속에서
25세

칼바람에 애이고 얼음속 어름
생살로 따고 뚫고 푸른 당찬
손가락으로 땅을 제치고 올라온
2송이제

생살의 새순이 날카로운 바람
발톱에 긁혀 할퀴고 휘몰
아쳐댄 그만바람 열고
2송이제

되는 봄꽃 한송이 어찌혔
든 손짓과 가벼운 말로
꽃이라 함부로 부르랴
2송이제

한송이 여린 꽃 앞에 웃깃여
미며 두는 모아 마음 속에 높을
일이다
25세

우수!
겨울의 마지막 — 개 정상에서
뒤 돌아 보니 설경이요
앞을 보니 남풍이 살랑인다
25세

이 화폭 둥결에 귀대어 들어보
니 깊은 샘물 떠올리는 소리
들 가지 끝은 연못이요
25세

가지마다 홍보석 겨울이 매서울 수록 봄볕은 찬란하다

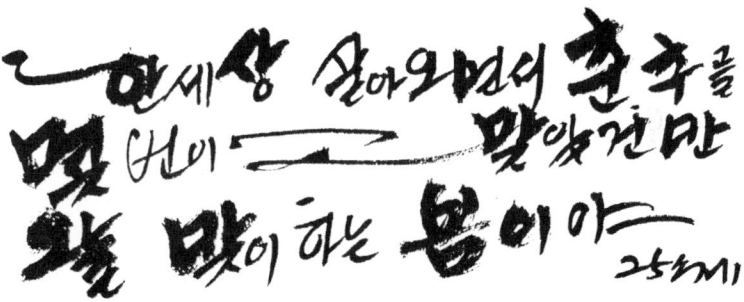

한세상 살아오면서 춘추를 몇 번이 맞았건만 오늘 맞이하는 봄이야

겨울인양 반갑다

봄꿈!
오늘 영훈제가 앉는지 어디선
가 흘러온 향기에 이
끌려 여기까지 왔더니
25세제

봄날의 오정 초향— 하며 희고
붉— 노란 오색이 물소리로
—향기나흘러—!
25세

회구름속 누운듯 뭉뚱한
양상을 만나 봅니다
알 맞게 마리오는 봄날의 잔경
26세제

가물어래도 좋아라 맨나보는
아침 봄바람에 불리는
향기와 봄볕에 취하매
그느세

精水中이 아름다하여 좋음 외
안을까 날騰되지만 바람
실 ㄴ 불리는 꽃 향기
그느세

봄볕 좋은날 한맛이 나른해
꽃 잠에 늘어 꿈속에 서도
요정이 부르는 오색의 노래와
그느세

495

꽃~ 향기 덮고 강들의 있다면
영원 아래도 좋아라 오수를
~정해 봄꿈꾸 놉니다
                        25산제

月光茶 !

정월 보름 구름 한점 어있는
자거운 하늘 외로히 달빛
졸으며 걸머가는 보름달
                        25산제

雲?月 ~ 欲 어느면 솔에서
놀다 간다 ~   솔순에
       내리는 달빛,   25산제

심술난 바람 한줄기 달빛싣인
솔가지 그흔들 그 지나가면
달빛은 은하 되어 스르르 쏟아진다
그늘체

초당 處士 호롱불 밝혀 독상경
그하다 밤 그 茶 한잔 내놓은
니 찻잔에 내린 달빛 그늘체

영롱도 하여 지난정 생각 하니
은 간월 그 은빛 님이 내어주신
차 그 한잔 오늘밤 홀로드는 첫잔에
그늘체

비는 양이 향기가 남의 향기인

가여 가만히 찻잔을

두손모아 품에 보내

강우제

봄비!

갈증으로 오래 기다리던 첫

情이 하늘로부터 내리는 날

강우제

비 안개는 부푼 젖가슴 들어

내고 ...에

젖 물려 먹이고 있다

강우제

大母의 넓은 품은 만생을
살려 키우고도 한번도
상을 드러내지 않는다
걷솔재

大德의 심상 따라 맞춰 배두선
은덕 맞고 싶어서야 어디
될 말 이던가
걷솔재

하늘이 내린 은총에 감사하
며 아름다운 江山을 아끼고
보살피며 살아야 二에
걷솔재

그 무신!

토방 댓돌위에 ~ 햇볕에
그 무신 피부가 맑고
곱다 두손으로 얼굴에 살피니
김수제

닳고닳은 바닥도 가지런하게
닳았다 걸음걸이 반듯하고
자세 또한 반듯한 사람이
김수제

신고 다닐것이 분명 한 것이다
따스한 햇살에 누워있는
흰 그 무신 눈감고 생각해 본다
김수제

산 주인은 맑고 가지런한 봇사
빛 얼굴에 손가락 야윈
노장 수염은 가을 연기처럼
간송제

날려고 걸음은 나비처럼 가
여운 사람 알거라 잠간 생
각에 잠긴 사이 장지문
간송제

열고 나서는 납자임은
노선 영색은 남루하나
지성으로 빛난 얼굴
간송제

차겁고 간결한 눈빛 성성히
나눈듯 걸음 숲숲으로 밟
서 저 저만큼 사라졌다
신석제

계수도 위에가라 반묶어 앉은
김에 道 둙이라 둥만거 사처
두고 억새 꽃씨는 혁선용을 따라
신석제

수면은 아람따라 일렁이고
그 수심은 고요하다
신석제

아지에 앉아!
바람도 잠든 오후 그 봉산 정상에
앉아 온몸에 봄볕 걸치고
물안개에 묻힌 장릉 앞바다
2년 후에

바라본다 맨 살갗으로 섬들은
추위를 안고 그림자로
덮였다 겨울을 건너온 산하
2년 후에

혼신으로 넘어와 탈진되어
뉘였고 어미 아람같은
따뜻함 새끼 품은 어미닭
2년 후에

저처럼 봄볕이 따사롭게
세상 다독인다 봄볕에 몸
내맡기고 가만히 눈감아본다
그누군제

혹독한 겨울 견뎌온 장하다는
다독임인가 봄볕은 바쁘게
가지 끝마다 톡톡 두드리며
그누군제

세상 이르켜 세우기 바뻐다 세상
은 모악 하지도 재비하지도
않아 살아 볼만한 세상 아닌가
그누군제

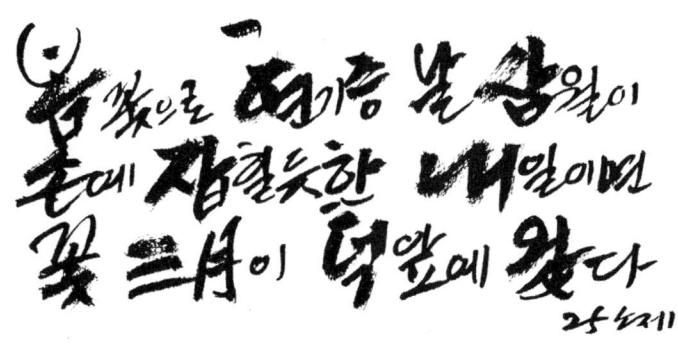

봄꽃으로 머리단 봄처녀이
온몸에 잠길듯한 내일이면
꽃 三月이 덕앞에 왔다
　　　　　　간호제

맑은 손수건 !
맑은 손수건 물적셔 울려 짜보면
맑은 물 방울에 진다　　간호제

오물품은 손수건 맑은물 적셔
짜면 오물물 방울에 한다
　　　　　　간호제

선한 행 하려거든 自身의 영
혼부터 선하게 하고 맑은
맑으려거든 생각부터 맑게하라 간디

뭣이 되려거든 自身이 먼저 뭣이
되어 있어야 한다 간디

맑게 높이 살거든 精神
이 먼저 맑아 지거라 간디

오리 천리 !

오늘눈 흘기지 버려라 돌아오는
날 영원함으로 찾아온다
간증제

눈감~ 선택한 작은 씨앗
자이가 먼 훗날 거목과
갑초 사이가 되더라~
간증제

첫 꿈은 옳~ 바른 큰 꿈을 꾸라
꿈꾸지 않는 사람보다 먼훗날
거목되어 동구밖 자랄 것이니
간증제

507

꽃송이!
사람은 욕망따라 산지만
꽃송이는 淸貧으로 산다
2500째

남을 비방 하는 사람은 이미
패자이며 남을 칭찬 하는
사람은 승자이다
2501째

낭월매!
누구를 위하여 꽃을 피는가
범나비 날개짓 위촉의 춤도
네 뜻모르라 익은 긔째
2502째

엄동 찬바람에 맞을라 하려는
그 대의 속내가 하도 궁해
금둔사 납월매 찾아 왔네
25째

적보석 가락지 낀 섬섬옥수
가지를 신랑 만날 가슴이
설렁이 그 않았다
26째

바람꽃
새잎에 찾은 꽃 버선산 바람꽃
집에 데려가 잘 키워 줄께
말하고 손 대려그 하니
26째

509

꽃은 나에게 애슬픈 목소리로
나는 여기가 더
좋아요 ! 애원하듯 말하네
25세

때리던 손 걷우고 그래
여기서 잘 살거라 토닥여
주 → 돌아오는 길
25세

이원 !
이원은 사막 그 아니다고 했지만
이원은 소중한 땅 이였다 했삼고
과 불러 모아 꽃을 준비 하는 땅
25세

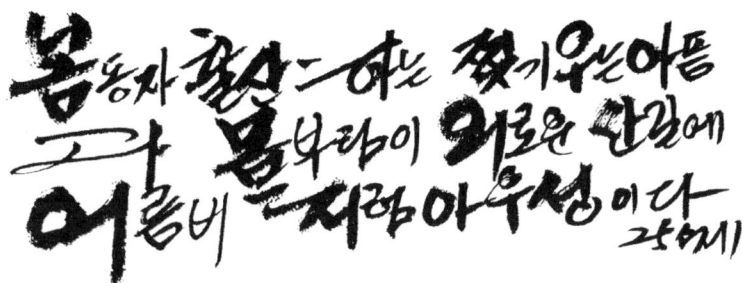

봄동자 춤추는 여는 찾기우는아픔
그라 봄바람이 외로운 단갈에
어름비 ᄅ 지라아우성이다
2순에제

새벽별 같은 사음 말어올리는
어월 기진맥진한 달이였다
이월이 단명ᄒ한 이유다
2순에제

산통 비명이 산자락 마다 봄바람
그친다 아름아운 옥해 그리
쉽게 연겠느 나 2순에제

꽃 피는 세상 출산 ... 기 그리워
윤줄 앉았느냐 허리귀 ...
큼 부람 치며 이 악물었다
고두제

엄마가 옵니다 아제 두려울것
... 연홍제마 너를
이며 엄마 머물 오잖아요
고두제

오는 영이 찬란함은 겨울이
... 똑똑 해기에 겨울끝
자락에 스리 실작 봄비 내람
...다 고두제

눈 뜨기 전에 촉촉한 장비을
대 마다 체온이 올라 웃음
짓기 좋은 날이다
　　　　　　　그늘재

안개로 청산 품~ 장비가
느러집니다 初홀라니
조곤조곤 솔푸시 내려 옵니다
　　　　　　　그늘재

느檜!
솔 지면 훨씬 남은 선명자
노매 몇 백년 넘어 와도
변함 없는 생푸른 단담
　　　　　　　그늘재

513

못난이!
너의 마음 한점 뺏으려다 내 마음 뺏
앗기고 너의 情 한참 훔치려다
그 情에 빠져 버린 나는 못난이
                              2년제

저마는 한 봄날 선로에 앉아 턱
괴고 별랑 청산 꼭대기에
시선만 꽂아두
                              2년제

오후 3시 서울행 완행열차 지나
가고 철로에는 다시 고요함이
내려 아지랭이 아롱이는데
                              2년제

텅빈 머릿속으로 한낮을
렇게 보내 않다
근제

호생이
나비 날아간 흔적 같은 봄날
자몽 이였네
근제

제 음으로 얻은 지혜
어리로는 제 할수아했다
근제

억장목 !

부러질 지언정 굽히어 없고
눈보라 날리면 푸른 眞心
때야 알리　　　가슴제

꿈 자리 !

호수 같은 하늘에 길 없는 길
솟다 앉다 막가지에 내려
앉아　한 낮을 솟다 간다
　　　　　가슴제

가을밤 !

울밑 섬돌 모서리에 끼뜨르~끼뜨르
~우는 귀뚜리 소리는 님의 목소리
가 나를 부르는 듯 가슴설레네
　　　　　가슴

蘭香!

深山絶峇 안개로 목욕기고
넘치지 않는 가난한 마음이
피 위울린 淸蘭 하오네

소묵위!
훈풍타고 왈랑왈랑 한가둔 향
호박 꿀단지 꽃밭에 새 춤추며
날고쉬고
　　　　　　　　　가오네

아! 거울.
연붓 중 훈풍에 가슴이
두근 두근
　　　　　　　　　가오네

一味!

딸흘려 목마르면 石間水

물 一한잔이 天下별미 복

이로다   25년제

真理는 묵슬지 않는다 25년제

靑山!

靑山품에 안겼더니 靑山은

一간곳 ○ 없고

계수 소리 만 낭낭하네
                    25년제

人生 !

삶에 의미 부여구하고 풍경높이봐
여해도 삶은 그냥 삶이더라
　　　　　　　　근제

장수 단명 자로 재고 부려
귀천 를 닮아도 가을바람에
빌려는 落葉 한잎 이더라
　　　　　　　　근제

아름답던 봄도 숨한번 쉬어보
면 － 흔적이 없고 꿈같은
세월 人生 봄이라 무엇 다르리
　　　　　　　　근제

519

맑은 봄볕 엄마 치마폭 더듬기
재잘이는 새소리 꽃木風이
눈물 겹도록 아름답더라
간호제

나는 꿈꾼다 그 역사은 남루
하나 지성으로 빛난 얼굴을
간호제

이별!
살다가 그 헤어질수도 있지 떠날
때 아름답게 보이고 보낼때
아름답게 보내는 이별은
간호제

그 헤어지는 것 아니다
간체

서로의 가슴에 꽃씨 심고서
나야 그 꽃 피어나 2행
기 서로의 가슴을 그리워 하며
간체

함께 있던 時間들은 모두
별이 되어 홀로의 밤을
외롭게 하지 않으리니
간체

삶!

스스로 불행하다 함은 도전과
극복 이라는 것을 외면했기
때문이다 ────── 강화세

그 행복을 얻은 사람은 自己의
삶 속으로 남으로
뛰어들어 성취를 얻었기 때문
강화세

행복은 행복인줄 모를때 행
복한 것이 불행은 불
행이라 날밤할때 불행해
강화세

왕매산!

오월 상장속에서 불컹물컹배
이 나온 ...절죽들의 ...상장
초대 어...이로 찾아오는 오월
                              간추제

왕매산 철죽 무리지어 피는
꽃길 丹楓 만큼 곱게 물든
       항홀한 몸짓들 간추제

삶이 지루그 하건 쉽게 살기
때문이다 삶의 묘미는 정답
이 오... 기 때문이다
                      간추제

523

반복된 쉬운 앎은 지루고 하고
재미 없 었다 새롭고 어
려 위야 보람있고 재밌다
오늘에게

선택은 뭐 그 난은 진리를
배우 고 깨달음은 지혜를
가르치는 진실한 스승이다
간에게

그 난과 어려움이 다가오면
떨쳐 그 환영 하고
극복의 마음 다짐하거라
오늘에게

大道無门!
오월은 — 하늘엔 종다리 높이
떠 자지러 지는 노래소리
25에게

茶! — 내려 드리며 道를
얻으려면 어찌二해야 합
니까? 그자나 마셔라 25에게

道를 어찌 求합니까?
물속에서 물을 찾는
나人 일러 주십시요
25에게

525

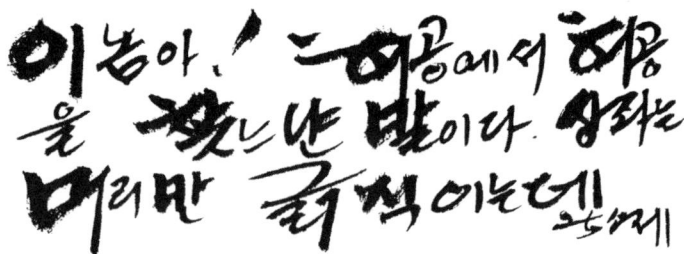

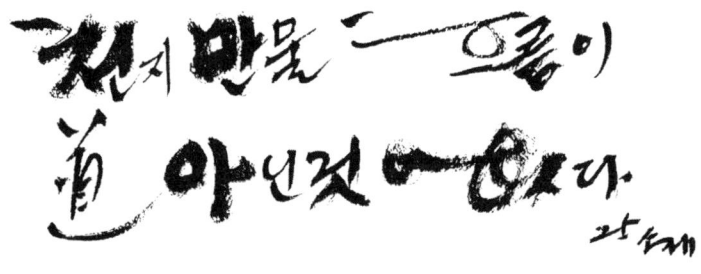

지는 四月

온갖 새들 되워선 사철 서산에
달 걸리듯 時1回이 달진 갔다
어느 틈에 파고들었는지
　　　　　　　　　그 희미

오월의 그 림자들 성장 와
닮고 어린티 벗었다 오월
기운이 밀려오는 時1回
　　　　　　　　　그 희미

四月은 짐을 무린다 보내는 마음
아프다 찔레 장미 모란꽃 피어
나며 사월은 서둘러 떠난다
　　　　　　　　　그 희미

아듀 四月이여!

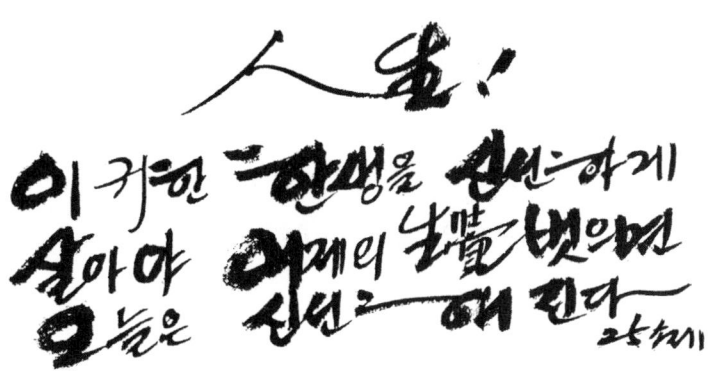

人生 !
이 귀한 한생을 신선하게
살아야 어제의 낱말 뱃으면
오늘은 신선 해 진다
　　　　　　　　　　그룹제

어제의 낱말에 머물면
오늘은 지루한 하루다
　　　　　　　　그룹제

했다 !
눈부신 햇살 내려앉은 四月의
고요한 자리 홀로 앉은
茶室에 한생이 스쳐간다
　　　　　　　　　　그룹제

불현듯 茶끓데위 茶한잔 내놓으니
신록 숲속에 茶향이 일어서
꿈같던 時日 어울저 온다

江山을 돌며 夢茶마다 茶놀이
마시던 茶놀이가 ᄀ 온세상 돌아
온 밤이 밝은 하늘 별들의 時日이었
다

雲氣 靈知
清風은 ᄀ 군자가 없고
清水는 혼령이 없었다

티끌~ 한점 어없는 깨끗한
마음 밭에 깨어있는 정신은
명경에 비추인 상 그처럼

굽지는 뒤지도 않는 참경을
바로 볼때 神靈한 맛을
느끼리

넓으한!
수연의 호수같은 꽃심속에
모양의 눈섭들 흡하며 좋아런다
내일좀 명랑의 바색 날끼며

하늘二 向해 펼쳐
-土으 리니   과木제

自然 → 法 ·
늘 깨어 있는 정신으로 자나깨나
法을 ─ 중지 않의 때 法者이
열관을 타고 돌아   *시제

오몸의 세포가 法으로 물들어
말과 生覺 그와 行動이
一致二 할때 비로소 아름다운
自然一人   25제제

春山!
오솔길에 움직이는 것은
바람따라 (비) 흔들리는 나뭇잎과
한마리 2는새제

다람쥐 오 솔길에 수북히
쌓인 自然 소리 뺀 새풀잎
새 앞 하늘 폐부속을 들락 날락
2는새제

꽃이 우라 그늘이
그 와라 새앞 흔들리는
소리 가슴으로 들어보자
2는새제

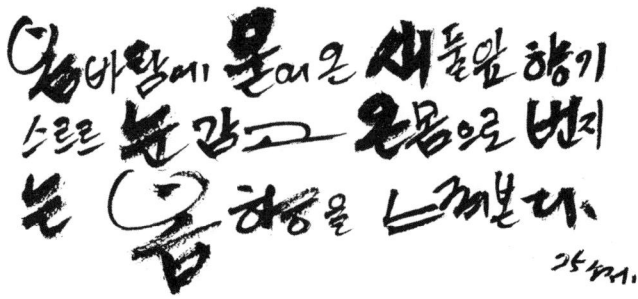

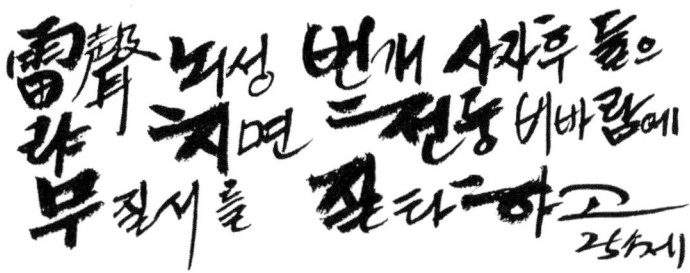

雷聲 뇌성 번개 사자후 들으
라 짖으면 그 진동 비바람에
무 질서를 잡는다 하고
　　　　　　　　잔치제

물 엉키를 一劍에 베느고
오고서한 소리 바람도 그
뜻 따라 명기가 혼정이 어느네
　　　　　　　　잔치제

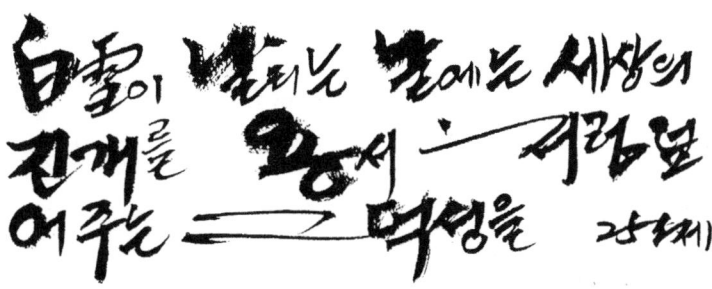

白雪이 날리는 날에는 세상의
진개를 왕서 사람보
어주는 덕성을 　　잔치제

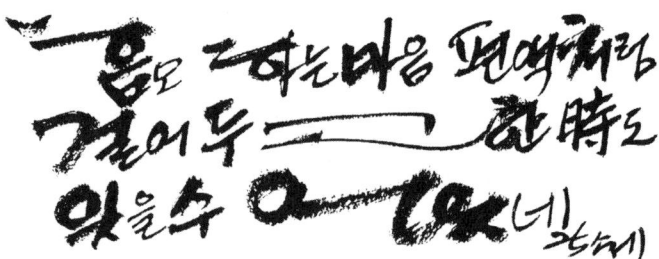

끝내 몇 개 열매 남기고 낙
엽져 내리는 마지막 물
까지 맞이할 고난의 시간
강순제

너와 나의 삶이가 어찌이리
닮은 거니 시련 어쩌는 삶
이란 어쩌나 보구나
강순제

새를 것에는 닭가을 시련쯤 안
중에 두지 않는 다 봄별바
롤이 이리도 아름답기에
강순제

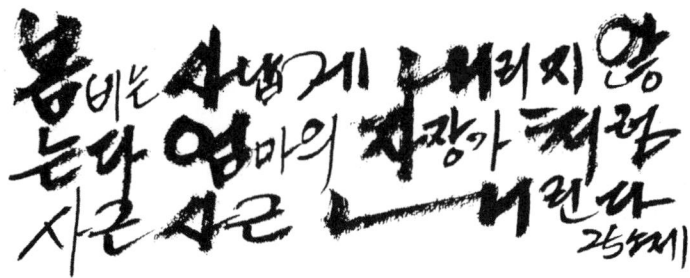

봄비는 사납게 내리지 않
는다 엄마의 자장가처럼
사근 사근 내린다
2늘혜제

봄비는 江山을 품고 生命
의 젖비 소근 소근 속삭이며
내려온다
2늘혜제

봄비는 자구 자구 내린다
쑥쑥 자라는 아이처럼 봄
비는 자근 자근 내린다
2늘혜제

삶은 모두가 풍경이였~
음악 이였~ 꽃밭이였
어~ 한세상 삶이 신비했으나
　　　　　　　2등신제

살거나 죽거나 백제＝ 한장자
인데 오쩌이나 장수는 그것
은 남은 자들의 이밥아야
　　　　　　　2등신제

뒷모습!
山寺 도랑에 불꼬쳐 꽃서방
초막손 한해 삶의 노래흥을
개울내 담아 장을 담고
　　　　　　　2등신제

삶아온 여대로 틈을 잡고
태풍 번개로 정신을 실어
그 햇살 바람으로 꽁꽁 묶어
곽소제

간 바람 불어오는 언덕에
마른 머리로 서서 떠나 보낼
시봉에 든 자식들 바라오며
곽소제

봄부터 긴 여름 희생을 좇아온
초막손들 당당 그 하고 야무
지나 아! 그도 꽃이었구나
곽소제

그 인생을 바치고 떠나는
뒷모습에 어리는 야무진
모습이 갈바람에 내뿌쳐다
갈내제

山이 그리워 산 찾아 들었드니
산도 보임 아 없고 산새
소리만 가득하네
갈내제

오늘
흐늘흐늘한 時이이이 휘 지나
간다 몇번의 웃음과 서너번
울음 지나가니 어느덧 고희
갈내제

지나온 時간은 광선처럼
빠르고 기다리는 시간은
한없이 이느린 時間
김소재

지난 時間은 다시오지 않고 내일
은 아득히 멀어 묘두다 허상이고
지나고 보니 언제나
김소재

현재 뿐이 時間은 지음의
연속 이였으니 지금을 낭비
한다는 것은
김소재

사랑을 낭비 하는것
이었어   고숙제

봄!
초록파도 왕정이는 불룩한아가
냄새 맡간 햇살은 봄바람
에 사랑 거리는 /銀絲. 신   고숙제

산록숲 저만큼서 작은 산새소리
율음 처럼 빛나그 사방
은 홍건한 초록-향기
                        고숙제

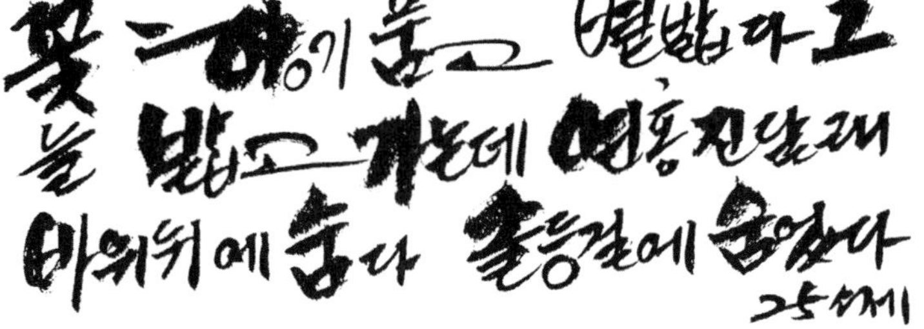

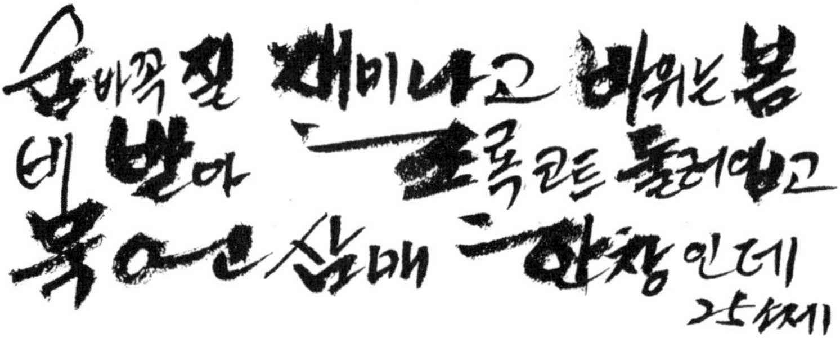

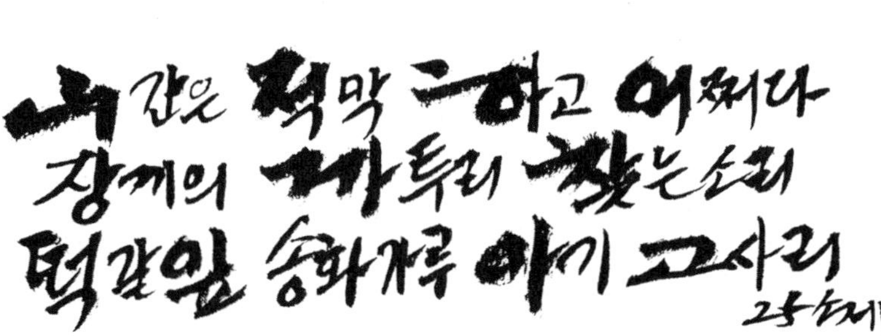

쪽빛 용담 남보라 현호색 애기똥
풀 노랑꽃 보라 제비꽃
여겹 묵연 노랑 선사 그날에

풍마원 얼굴에 저승꽃 의□
새암 밝다 묵은잎 벗고 가는
구부정한 세월 정선은 푸른노인
그날에

=흐그무선 !
사람은 첫날 윗목에서 자는
호강도 았었다 다음날부터
뜰방 댓돌이 내려가 였고
그날에

545

주인밥 가슴에 품고 산으로 들로
江으로 곳곳마다 모시고
어쩌다 목욕 一 한번시켜주는
강아지

행복도 잊었다 세월은 가고
몸도 늙어 토방에 가지런 하던
내모습도 이짝 저짝 흩어져
강아지

나란히 누운적도 아득해지고
어느날 부터 一 현신이라 이름이
붙고 몸이 헐고 부서져야
강아지

끌나는 회의 있는 행별로 엿장시
가 윗소리에 가슴이 철렁 현실 쫙
어리듯 엿장시 손에 넘겨지고
　　　　　　　　그녀에게

수고했다 고맙다 사랑했다
그 한마디 듣지 못한제 현
신짝 되어 버림받는 헤어님이
　　　　　　　　그녀에게

회인원 신발이라는 이름 엿장시
그 윗소리 가는곳 따라
한생을 마치러 간다
　　　　　　　그녀에게

547

음산 한 회색건물 굴뚝에 검은
머리풀어 하늘로 오르는 진양조
느린 살풀이 굽으 흘어진다
2소네

운간월!
소슬바람 흠뻑 취해 대통소 불면
풀벌레 소리 이슬에 젖고 달빛도
품은 정 방울 방울 맺힌다
2소네

초당 졸로 앉아앉는 산맥은 적막
그안데 풀벌레 울음 소에 게
젊은 속살이 영글고 2소네

가을에 깨는 가을 달빛 하늘쓰는
青竹은 비운 가슴으로 늘 맑은
노래 부른다 윤 간월 구름속

숨은 달빛에 앞山이 아득해도
천리 먼곳 그대 미소
나는 알겠네 달빛 젖은 밤이며

홀로 차를 마시매 차향은 달빛에
젖을 것이 나도 한 한잔
차로 달래보는 가을 달밤이로세

다녀간 길 아득~해 세월도
아련~ 하구려 언제 어느날
그대와 달 밝자를 나누리까
2등제

귀맡에 시리~ 하얗게 내린 눈
풍 드는 세월 시력도 아득해
벗의 맘 잊혔까 염려로운 밤이구려
2등제

法 흐름
唯 流는 용서~ 하지도않
記憶 하지도 않으며
2등제

하늘로 江으로 바다로
오직 一 입장 할때 움직이고
큰 바위에는 큰 그림자
고은체

오르막 자체가 내리막으로
하며 세상사 반반으로
하며 평등케 한다
고은체

척 척
발음 내려뜬 눈에 한낮의 時가
멈춰 있고 코끼리나 참새나
그 죽음의 무게는 다를바 없다
고은체

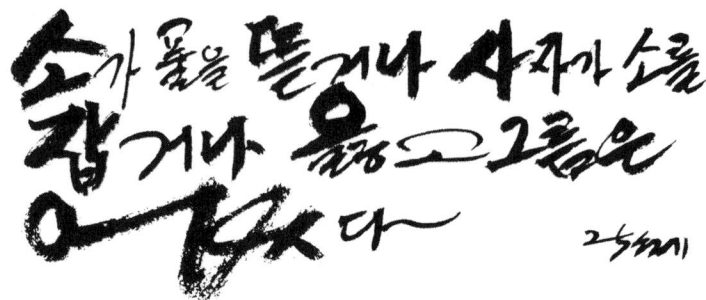

소가 풀을 뜯거나 사자가 소를
잡거나 옳고 그름은
없다 ~
                    긴은혜게

애증도 따로 없다 네마음
상태이지 짜 작도 놓음도 둘이
아닌 모두가 마음 상태 일뿐
                    긴은혜게

옳거나 그른 것도 본래는 옳은
것도 ~ 른 것도 없다
오르막 내리막이 하나이듯
                    긴은혜게

낳고 죽는 生死도 하나
여기에 나눌수 어덨다
2547세

어리석음 !
하루살이는 一만년을 살겠다
응종열 둘러싸음 잇고
2547세

사람은 一천만년 살겠다고
죽어 이 으로도 외
한다
2547세

나는 원종에 사람으로 태어나서
그 회를 너에 살았으니
날마다 오늘만 살것=처럼
　　　　　　　　　그같에

그 하고싶은 일=하며 좋아 해른란
그 하고 계절마다 오는 진풍경
즐기며 늘 오늘을 살았다
　　　　　　　　　그같에

나 원에 안다.
유월= 하늘도 곱다 북음
우거진 그 늘 찾아 값을
나 선다～　　그같에

산새 노래~하고 그늘과 바람
푸른 二 하늘과 흐름을 맑는
낙원에서 오늘을 산다 고도세

그리움!
내가 늘 님을 그리워 함은
님의 二 향기가 내 가슴에
그여 있기 때문 입니다 고도세

앗~하!
깨침은 외곳에서 깨어나 맘을
오고 ~ 觀點 전환하여
마음과 행동이 변화 하는것 고도세

살아보니!
복은 늘 그 곁에 있었고
비싸지 않으며 복이라 생각
할때 복이더라 25세

자는이위!
왜 왔는지 지금도 몰라 무언가
자꾸만 시켜 배움으니 먹으라고
다 컸으니 책만나 자식두라고
간대

자식 늦으니 땀흘려 키우라고
다 컸으니 책 맺어 쓰라고 누군가
자꾸시켜 그냥 시킨대로 해야되
25세

이제 끝 냈으니 후회 쉬웠다
떠나라고 했다는데 왜 그래야
되는지 지금도 몰라 감수제

이뤄도 물때물수 아냐 에 나는
다른 사랑들과는 다른줄 알았어
근데 누나 다 그렇게 살아왔대
감수제

그런데 큰 선물 하나 받은거 알어
이 세상 공짜로 구경하는것
자 암 다 행이었어
감수제

이 세상 自然이 이리 아름
답고 신비롭지 않았다면
억울해서 못살뻔 한거야
25현제

조금이라도 느끼고 품어 봤으니
출생의 보상은 받은거지 극장
영화를 봐도 돈 내야 하는데
25현제

맑은 용기 무상으로 호흡그하며
실제를 보고 만져보고 먹어보
며 그 속에서 살아봤으니
25현제

이제야 알았어 이 아름답고
신비롭고 경이로운 지구에서
경 하하라 그게 하하
그하 5째

그 해보라는 이유 없어!
언제 어디서 이런 경험을 할수
있겠나 참 멋져서 알아 ?!
그하 4째

×十一%!
소 고삐 잡고 등짐지고 가는 노인께
물었다 어찌 소등에 짐 싣지않
고 직접지고 가십니까
2 5째

노인은 말했다 소가 평생 일
하느라 놓고 잠이없어
잠 지울수가 없었오
고희제

나도 젊은때는 소화력 좋아
꿈으로 먹고 일도 꿈으로 하고
남보다 뭐는 꿈으로 해야하고
고희제

젊(은)때는 더모으고 더벌고더、
더、더、 해 떠 살아 왔는데
이제 허세나 사치、더 모은것들
고희제

빼내고 제쳐놓고 빼고 사랑도
풀어고 생각도 계획도 빼어
귀하고 소중한 물건도 집이었어
같은시

곱하고 더하고 모났던 것들
빼고 나릴 것이 왜이리많
은가 쉼에 여기쯤 와서는
같은시

그냥 흘려에는 마음도. 자식도.
경험도. 재능도. 기부하고
나누며 살아야는 해
같은시

561

세월도 흐르고 바람도 물도 계절
도 흐르고 나의 삶도 흐르니
끝내 바다으로 가는걸 알았으니까
강태제

나는 내가 믿는 유일한
神이 았다 그것은
내 自神이다 강태제

내 自神을 믿고
自神에게 의지하며
自神께 기도하면서
강태제

내 自身이 행동 하고
내 自身이 이뤄나갔다
오직 믿을건 내 自神 뿐이였다
그는게

꿈은 노력하여 일하는
것이고 후에 달콤
하게 휴식 하는것이다
그는게

박춘묵 시집

인쇄	2025년 10월 24일
초판1쇄발행	2025년 11월 11일
지은이	박춘묵
펴낸이	전형철
편집	갭
웹디자인	김태완
펴낸곳	갭 - 월간모던포엠출판부
후원	월간모던포엠
주소	서울시 중구 수표로4길 27, 상강빌딩 2층
전화	02-2265-8536
팩스	02-2265-0136
손전화	010-9184-5223
이메일	mopo64@hanmail.net
정가	30,000원